소심 청년, 소명을 만나다

소명을 마음에 품은
청년들의 이야기

도현명 외 심센터 지음

소심청년, 소명을 만나다

도현명 외 심센터 지음

토기장이

추천의 글

소명에 관한 많은 책들은 대체로 청년들의 등을 떠미는 느낌이 있다. 그러나 이 책은 청년들의 등을 떠미는 대신, 그들의 어깨 위에 손을 얹고 같이 걸어가 주는 느낌이다. 소명이 무엇인지, 그것을 어떻게 찾을 수 있는지 묻는 청년들의 질문에, 그들의 눈을 바라보며 소명을 왜 찾고 싶은지 내면의 동기를 먼저 살피도록 조용히 이끌어 주는 책이다. 직업에는 은퇴가 있어도 소명에는 은퇴가 없음을, 직업과 소명이 다름을, 소명은 발견하는 것이 아니라 하나님과의 관계 속에서 자신의 삶을 이해해 가는 과정임을 차분하게 알려 준다. 소명을 찾아 방황하는 청년들에게, 그 방황의 과정 또한 하나님이 주신 소명의 삶이라는 따뜻한 청년의 위로를 건넨다. 방향 감각이 없어 그 자리에 멈춰 서 있는 청년들부터, 어디론가 열심히 뛰어가고는 있으나 익숙한 방향에 불안해하는 장년들까지 모두에게 권한다.

김남호 9FRUITSMEDIA 대표

'워라밸, 퇴튜던트, 무민세대'라는 말의 뜻을 알고 있는가? 삶에 지친 '요즘 청년'들을 표현하는 신조어다. '요즘 청년'이라는 말은 내게도 마음 한 구석이 답답해지는 단어다. 내가 사역하는 공동체의 반 이상의 동역자들과 우리 아이들 역시 '요즘 청년'이기 때문이다. 그들에게 "왜 살아가냐? 왜 공부하냐?"고 물으면 대부분 명확하게 답을 하지 못한다. 왜냐하면 이 문제는 '직업'에 대한 문제가 아니라 '소명'의 문제이기 때문이다.

이 책은 이 시대를 치열하게 살아가는 청년들의 어려움에 대한 아주 실제적인 이야기를 담고 있다. 또한 삶과 신앙, 현실과 믿음 사이에서 갈팡질팡 하고 있는 어른들에게도 '소명'에 대한 회복의 기회를 준다. 이 책을 만나는 순간 우리의 가슴 뛰게 하는, 목숨을 걸고 부끄럽지 않게 살았다고 말할 수 있는 그 '소명'을 찾는 선물 같은 시간이 될 것을 확신한다.

김병삼 만나교회 담임목사, 「치열한 복음」 저자

우리는 누구나 행복한 삶을 살기를 원한다. 그럼 과연 행복한 삶이란 무엇일까? 돈과 명예와 권력을 많이 가지고 누리는 삶일까? 진정으로 행복한 삶은 바로 하나님과 동행하는 삶이다. 하나님과의 깊은 교제 가운데 하나님이 나를 부르신 그 뜻을 이해하면서 한 걸음 한 걸음 나아가는 삶이다. 우리에게 맡겨진 회복의 영역을 찾아서 하나님의 부르심에 응답하는 사명자로 살아가는 삶이다.

이 책은 소명을 마음에 품은 청년들의 고백서다. 이전까지의 소명 관련 책은 보통 목회자나 신학자, 혹은 유명 기독교 변증가가 썼는데, 이

책은 평신도인 청년들이 그들의 눈높이에서 썼다. 이 사실 하나만으로도 이 책은 가치가 있다. 3포, 5포, 7포, 9포 등등 청년들이 포기해야 할 것이 년도가 지남에 따라 점점 늘어가는 안타까운 시대 가운데 이 책은 청년들에게 궁극적인 희망을 제시한다. 청년들이 붙잡아야 할 것은 세속적인 성공이 아니라, 하나님과의 관계임을 강력하게 선포한다. 이 책은 저자들의 삶 속에 역사하고 계시는 사랑의 하나님을 고백하며, 동시대에 살아가고 있는 청년들에게 소명의 삶으로 나아올 것을 촉구하고 있다. 세속의 가치가 아닌, 하나님의 가치로 사회 곳곳에서 빛과 소금으로 살아가기를 원하는 새벽이슬과 같은 청년들에게 이 책을 강력하게 추천하는 바이다.

김성중 장로회신학대학교 교수, 더작은재단 지도교수, 기독교교육리더십연구소 소장

소명, 우리에게 조금은 종교적이며 버겁게 느껴지는 말이다. 일상의 삶과 동떨어져 있는 것 같고 무언가 모르게 부담스럽다. 이 책은 소명이라는 무거워 보이는 종교적인 주제를 우리가 살아 숨 쉬는 일상의 삶으로 끌어 내린다. 이 책은 종교적인 용어가 아닌, 예수님을 따라 이 시대를 살아가는 삶의 여정으로서의 소명을 이야기한다. 또한 주눅 들게 위대한 사람들의 삶이 아닌, 하나님을 신뢰하며 이 시대를 믿음으로 살아가기 위해 몸부림치는 평범한 삶 속에서 소명을 이야기한다. 우리와 같은 모습으로 2000여 년 전에 오신 예수님은 지금도 우리 안에 살아 계신다. 예수님은 우리와 친밀한 관계로 하루하루 살아가기를 원하신

다. 우리의 이야기를 듣기를 원하시고, 우리가 자신의 이야기를 듣기를 원하신다. 그리고 우리의 인생이 자신과 동행하는 길이 되기를 간절히 원하신다. 종교인이 아닌 하나님의 사람으로서 힘겨운 이 시대를 살아가려 하는 이들에게 이 책이 꼭 읽힐 수 있기를 기도한다.

명성진 부천 예수마을교회 담임목사, '세상을 품은 아이들' 이사장

'나는 왜 사는가? 나는 누구인가?' 사춘기 중학생 때 시작된 두 가지 질문에 대한 정답을 찾기까지 나는 얼마나 많이 방황하고, 얼마나 많이 불안해했는지 모른다. 두 가지 질문에 대한 정답은 우리 인생을 근본적으로 바꾸어 놓는다. 정답을 모르면 평생 불안해하다가 허무하게 인생을 마감할지도 모른다. 두 가지 질문에 대한 정답은 누구도 나를 대신해서 찾아 줄 수 없다. 또한 아주 조금이라도 틈이 있으면 완전히 틀린 답이 된다. 두 가지 질문에 대한 정답을 찾지 못하면 내가 마지막 숨을 거두는 그 자리까지 따라올 것이다. 왜냐하면 이 질문이 바로 하나님의 부르심, 즉 소명이기 때문이다. 이 책은 두 가지 질문에 대한 정답을 찾아낸 이 시대 청년들의 이야기다. 소명에 응답하며 살아내고 있는 보통 청년들의 진솔한 고백이다. '나는 왜 사는가? 나는 누구인가?'를 고민하며 방황하고 있는 모든 청년에게 이 책을 강력하게 추천한다.

오승환 네이버 파운더, 더작은재단 대표

'소명'에 관한 이야기를 기독교 영성가나 목회자가 아닌, 삶의 현장에 있는 크리스천 청년 리더들의 살아 있는 메시지로 듣게 되다니 하나님의 은혜이며 감동이다.

지난 3년간 심센터를 섬기는 이 책의 공동저자 다섯 명의 삶을 가까이서 지켜볼 수 있었던 것은 큰 행운이자 기쁨이었다. 소명을 마음에 품은 '소심청년'들이 바로 그들이었다. 좋은 환경, 위치를 다 내려놓았으면서도 해맑은 은혜의 얼굴로 섬기는 그들의 희생과 열정은 과연 어디서 나오는 것일까? 그것은 바로 소명, 즉 하나님이 부름 받은 자에게 주시는 능력이며 영적 축복이었던 것이다. '나는 왜, 무엇을 위해 살아가야 하나?' 혹은 '왜 우리는 세상을 바꿀 수 없는 것인가?'라고 묻는 청년들에게 이 책을 추천하고 싶다. 이 책에는 우리의 마음을 뒤흔드는 울림과 끌림이 있다.

이영구 '더사랑' 사회적 기업 대표

하나님은 우리 모두를 각자의 삶 속에서 부르시고, 다시 각자의 삶 속으로 보내신다. 이 책은 당장 무엇이 되려고 애쓰는 청년들의 시선을 하나님께 집중하도록 이끈다. 그리고 진정한 소명은 우선 하나님 앞에 머무르고 하나님과의 관계를 회복하는 것에서부터 시작된다는 것을 알려 준다. 그러고 나서야 비로소 우리는 각자의 삶에서 하나님의 뜻을 이루는 놀라운 소명의 삶을 살아갈 수 있기 때문이다. 이 책을 주의 깊게 읽는다면 "오라, 그리고 가라!"라고 말씀하셨던 예수님의 말씀이 무슨 의미였는지 보다 입체적이고 실질적으로 느낄 수 있을 것이다.

이영표 KBS 축구 해설위원

요즘 청년들은 '소명'을 이야기하기도 어려울 만큼 힘겨운 시기를 지나고 있다. 당장 취업조차도 막막한 그들에게 소명을 따르라고 이야기하는 것은 왠지 무거운 짐을 하나 더하는 것처럼 느껴질 수 있다. 하지만 이 책은 소명의 삶은 세상 속에서 무엇을 이루는 것이 아닌, 하나님과 동행하는 삶 그 자체라고 이야기한다. 그것은 결코 무겁거나 부담스러운 것이 아니다. 오히려 우리를 자유롭게 하고, 지금의 삶을 소중히 여기도록 이끈다. 누구보다 청년의 입장을 이해하며, 명쾌하고도 실제적으로 소명의 삶을 알려 주고 있는 이 책은 하나님의 인도하심을 받기 원하는 모든 이에게 큰 도움이 될 것이다.

이찬수 분당우리교회 담임목사, 「아는 것보다 사는 것이 중요하다」 저자

예수님은 공생애 이전에 요셉을 따라 목수로 가사를 도우셨다. 또한 공생애 동안 수많은 사람을 부르시고, 가르치시고, 고치시고, 복음을 전하셨다. 그리고 십자가에서 죽으시고, 부활하셔서 인류를 구원하셨다. 그러면 예수 그리스도의 '소명'은 무엇이었을까? 목사? 교사? 의사? 희생양? 어느 것도 틀리지 않지만 어느 한 단어로 규정지을 수 없

다. 이렇게 일반적인 개념으로 접근하면 그리스도인의 '소명'은 매우 혼란스러운 단어일 수 있다. 흔히 하는 실수가 '소명'과 '직업'을 동일시하는 것인데, 이와 같은 오해는 나이와 상관없이 나타난다. 그리스도인에게 '소명'은 하나님의 부르심이며, 때마다 장소마다 하나님이 원하시는 것을 순종으로 수행하는 삶이라고 하는 게 아마도 가장 근접한 대답이 아닐까 싶다. 이 책을 통해 앞길이 구만리인 청년들이 잠시라도 소명의 본질을 고민하는 시간이 되길 소망한다.

조명희 (주)래딕스, (사)오픈핸즈 대표

Contents

CHAPTER 01 소명이 직업인가요?

015 _ 우리에게는 소명이 필요하다
020 _ 소명은 직업이 아니다
031 _ 소명의 본질은 회복이다
036 _ 소명은 결코 무겁지 않다

더 깊이 생각해 보기

CHAPTER 02 소명은 어떻게 알 수 있나요?

047 _ 소명의 발견 No, 이해 Yes!
049 _ 소명을 이해하는 4단계
070 _ 소명을 이해하기 위해 가져야 할 태도
075 _ 나의 소명을 확인받는 방법

더 깊이 생각해 보기
회복의 영역(긍휼의 영역) 한눈에 살펴보기

CHAPTER 03 소명대로 살면 모든 일이 잘 풀릴까요?

091 _ 우리가 살아가는 세상
099 _ 소명대로 사는 삶을 어렵게 만드는 장애물
115 _ 세계관, 시대를 보는 안경
120 _ 소명의 삶을 살기 위한 제안

더 깊이 생각해 보기

CHAPTER 04 소명을 따라 살면 성공하나요?

131 _ 소명의 길에서 만나는 광야
139 _ 성공을 위한 열심
147 _ 이미 맺힌 열매: 하나님 안에서의 성장과 회복
155 _ 참된 열매: 긍휼의 자리에서 꿈꾸는 사람의 회복

더 깊이 생각해 보기

에필로그
심센터를 돌아보며 가지는 고백
우리의 개인 고백

CHAPTER 01
소명이 직업인가요?

우리에게는 소명이 필요하다

최근에 '요즘 청년들의 고민'이라는 주제로 교회 청년들을 만나서 이야기할 기회가 있었다. 나도 아직 청년이기는 하지만 취업, 결혼 등 삶의 중요한 결정을 이미 경험하고 지나온 선배로서 그들의 이야기가 참 궁금했다. 그 시절 내가 고민했던 부분들과는 어떻게 다른지, 요즘 청년들의 고민은 무엇인지 말이다. 결론부터 이야기하자면 그들의 고민은 역시나 '진로'와 '결혼'이었다. 청년의 때에 누구나 거치고 고민하는 주제가 지금까지도 청년 세대의 도전과 질문이 되고 있었다.

    이는 이상하지 않다. 우리가 살아가는 곳은 여전히 세상이기 때문이다. 이 문제들은 청년의 시기 혹은 그 이후에도 우리를 낙망하게 하고 고립되게 만든다. 당연히 우리는 이러한 문젯거리를 무시할 수 없다. 그러나 청년들과 대화한 이후 계속 기도하게 되는 이유는 그들의 이러한 고민이 '뭐 먹고 살지'라는 것으로 끝나지 않았으면 하는 바람 때문이다. 어떻게 하면 우리는 지금의 한계를 깨고 삶의 의미를 깊게 생각하는 단계로 넘어갈 수 있을까?

비단 청년의 문제만은 아닐 것이다. 나는 친구들에 비해서 한참 연배가 높은 선배들을 만날 기회가 많이 있었다. 그들 중에는 세상의 기준으로 소위 성공했거나 성공을 이루어가고 있는 사람들도 종종 있었다. 돈을 많이 번 선배도 있었고, 좋은 대학의 교수가 된 친한 선배도 있었다. 정치인 혹은 고위 관료가 된 선배도 있었다. 그러나 어떠한 영역에 있는지, 얼마나 성공했는지와 상관없이 그들 모두 어떤 순간에는 '나는 왜 사는가?'라는 질문과 마주한다는 것을 알게 되었다. 살아간다는 것은 항상 만만치 않고 또 어려움이 있기 마련이기 때문에 이 질문은 누구든 피할 수 없다. 외면하거나 다른 것들로 억지로 채우려 해도 왜 사는지 대한 질문은 계속 찾아온다.

대학교에 입학한 지 얼마 안 되어 별다른 걱정도 계획도 없던 시절에, 비싼 스테이크를 얻어 먹으러 갔다가 듣게 된 한 선배의 이야기가 있다. 그 선배는 어렸을 때 부모님이 헤어져 아버지와 둘이 살게 되었고 그 뒤로 정말 열심히 공부했다고 한다. 공부를 잘

하고 좋은 대학에 가면 모든 것이 해결되리라 막연히 기대했기 때문이다. 우수한 성적으로 좋은 대학에 진학했지만, 진짜 중요한 문제들은 해결되지 않았다. 그래서 좋은 직장을 얻고 좋은 사람과 결혼해서 가정을 꾸리면, 막막하고 채워지지 않는 마음이 가득 차게 될 거라는 기대를 가지고 정말 이를 악물고 열심히 살았다. 선배가 나를 만났던 때는 이미 그런 세상 속에서 살아갈 수 있는 충분한 요소들을 갖춘 상황이었다. 이름만 대면 아는 글로벌 기업의 임원이었고, 좋은 가정을 꾸리고 있었다. 귀여운 딸을 보면 기뻤고 쌓아온 업무의 성과도 자랑스럽다고 했다. 그런데 이상하게도 여전히 본인은 충분히 행복하지 않다는 것이다. 그리고 왜 살아야 하는지, 이제 어떻게 살아야 하는지 잘 모르겠다는 말을 하기도 했다. 나뿐만 아니라 대부분의 후배들에게 그 고백은 충격적이었다. 저 정도 이루었으면 행복해야 하는 것 아닌가? 저 선배가 어떻게 살아야 하는지 모르겠다고 하면 도대체 우리는 어쩌라는 것인가? 사실 나도 당시에는 선배가 왜 그런 마음을 가지는지 잘 이해하지 못했다.

그 선배는 신앙이 있는 사람은 아니었던 것으로 기억한다. 하지만 사실 복음을 받아들인 뒤라도, 말하자면 신앙이 있다 하더라도 우리는 비슷한 경험을 할 수 있다. 예수 그리스도의 보혈로 구원받았음을 믿고 은혜 가운데로 나아 왔다고 하더라도, 우리는 여전히 세상 속에 살고 있고, 구체적으로 이 세상 속에서 '왜' 그리고 '어떻게' 살아야 하는가에 대한 혼란은 쉽게 가시지 않기 때문이다.

나는 고등학교 때 2학년 때 처음 하나님을 개인적으로 경험했다. 창조주 하나님이 확실히 믿어졌고, 그분이 나를 정말 잘 아신다는 사실을 인정했다. 그래서 모태신앙이었지만 습관과 문화로만 여겨졌던 예수 그리스도를 내 삶 속에서 온전히 새롭게 경험하게 되었다. 마찬가지로 소명 역시 우리 삶에서 깊이 이해되고 온전하게 경험되는 순간이 있다. 어릴 때부터 나는 하나님이 나를 부르신 이유는 '나를 사랑하시기 때문에, 또한 나를 통해 찬양받기 원하시고 다른 이들을 구원하시기 위해서'라고 배웠고 지식적으로 이미 알고 있었다. 그러나 이 모범답안은 나의 두려움이나 고민을 해결해 주지 못했다. 한참 뒤에 소명이 개인적인 고백과 경험으로 정돈된 후에야, 이 문제가 본질적으로 해결되었다. 여전히 미숙하고 성장의 과정을 겪고 있지만 이미 변화는 시작되었음을 확신할 수 있다.

우리에게는 소명이 필요하다. 하나님을 알건 모르건 우리는 우리 스스로 왜 사는지 답하지 못한다. 신앙이 없는 사람들 중에는 자신만의 어떤 목적성을 가진 것처럼 살아가는 사람도 있다. 신은 죽었다고 말한 니체조차도 「우상의 황혼」에서 "왜 사는지를 아는 사람은 어떤 고난도 이겨낼 수 있다"고 이야기했다. 결국 모든 사람은 어떤 순간에 '왜 사는지'를 알기 위해 애쓰게 된다. 외면하거나 다른 것들로 억지로 채워 보려 해도 '왜 사는지'에 대한 질문이 계속 찾아오곤 한다. 심지어 예수 그리스도를 따른다는 사람들도 성취, 만족, 행복, 자기 찾기와 같이 세상에서 중요시하는 목표를 좇아 살아가며 스스로를 위로하기도 한다.

이러한 것들은 우리를 만족시킬 수 없다. 인류가 열심히 찾고 찾아 도달한 가치가 '인간'인데, 이 현대의 궁극적 가치에서도 여전히 진짜 만족과 달성감은 찾아보기 어렵다. 서로가 서로에게 다른 것을 원해서 상처를 입히고, 타인에게서 충분한 사랑을 얻지 못해 관계가 왜곡되며, 다시 자연이나 반려동물이나 어떤 행동이나 자신의 내부에 미친듯이 몰두한다. 하지만 그들은 '그래서 모든 것이 해결되었는가'라는 질문에는 답하지 못한다. 애초에 그것들은 상대적인 좌표이기 때문이다. 어떻게 상황에 따라, 때에 따라 결정되는 변동성 높은 것들을 우리 인생의 목표로 삼을 수 있을까. 우리에게는 절대 좌표가 필요하다. 소명은 유일하게 스스로 존재하시며, 변하지 않는 단 하나의 절대 좌표이신 하나님께 나아가는 것을 우리의 본질적 목적으로 삼는 것이다.

엄밀하게 말하자면 구원받은 우리에게 소명은 이미 당연히 존재하는 것이며, 우리에게 주어진 소명에 대한 인식과 인정이 필요하다는 표현이 옳다. 당신이 고민하는 모든 것, 직업이든 결혼이든 우리가 이 땅에서 추구하는 모든 것은 사실 소명 안에서 정리되어야 한다. 구원의 은혜를 경험한 우리가 살아계신 하나님을 고백하면서도 여전히 혼란스러워하는 것은 우리가 왜 사는지, 도대체 어떻게 살아야 하는지를 이해하지 못하고, 소명의 삶을 살기로 결정하지 못하기 때문이다. 길을 걸을 때 가기로 한 목표 지점의 절대좌표와 그 방향이 분명하다면 우리는 좀 더 빠르게 고민과 불분명함을 내려놓을 수 있다. 그래서 우리에게는 하나님이 우리를 왜 부르셨는지에 대한 질문과 마주하고 그 해답을 찾는 일이 반드시 필요하다.

소명은 직업이 아니다

소명을 찾기 시작한 다음에 우리에게 필요한 것은 소명에 대한 올바른 이해다.

"대학원에 진학해서 공부를 더 할지, 아니면 기업에 취업을 해야 할지 모르겠어요. 어떤 것이 제 소명인지 너무 고민이에요."

나는 후배들이나 다른 경로로 만난 청년들에게서 이런 식의 질문을 끝도 없이 받았다. 먼저 결론부터 말하자면 나는 그들이 기대하는 답을 말하지 않고 보통 이렇게 답한다.

"대학원 진학이나 취업은 그 자체로는 둘 다 소명이 아니야."

직업은 소명이 아니다. 정확하게는, 부르신 분인 하나님은 우리가 대학원에 진학하거나 취업을 하는 것에 큰 관심이 없으시다. 잘 생각해 보자. 그것이 도대체 하나님과 무슨 관련이 있는가 말이다. 대학원에 가서 멋드러진 논문을 쓰면 고고하다고 하나님이 좀 더 기뻐하시고, 대기업에 가서 돈을 벌면 천박하다며 싫어하실까? 우리를 이 땅에 부르신 이유가 고작 이 정도일까? 정말 그렇게 생각하는가? 이는 우리의 흔한 오해이고, 잘못된 적용의 대표적인 예다. 하나님은 당연히 우리의 삶에 관심이 있으시지만, 우리의 직업이 우리를 이 땅에 부르신 이유와 목적이라고 하기에는 너무 빈약하고 하찮다.

그 이유를 두 가지로 나누어 살펴보자. 첫째는 크기와 무게 면에서 그러하다. 소명은 부르심이기 때문에 훨씬 더 큰 범주에서 우리의 인생 전반과 그 인생에 연결되어 있는 공동체까지 아우른다. 직업은 소명의 한 부분을 이루거나 그 도구로서 활용될지는 몰라도 우리의 인생과 동일시될 수 없다. 심지어 직업은 은퇴가 있지만 소명은 은퇴가 없지 않은가?

둘째로는 소명과 사명을 혼동해서 그렇다. 소명은 표준국어대사전에 의하면 '임금이 신하를 부르는 명령' 또는 '사람이 하나님의 일을 하도록 하나님의 부르심을 받는 일'이라고 설명하고 있다. 사실 소명은 우리말의 어감상 명령 자체를 의미하는 것처럼 느껴진다. 그러나 그보다 소명은 부르심의 주체인 하나님이 우리를 부르신, 부르심 자체에 대한 말이라고 할 수 있다. 우리가 자주 혼용해서 사용하는 사명이라는 개념과 비교해 보면 소명을 이해하는 데 도움이 된다. 사명은 맡겨진 임무 혹은 사신이나 사절이 받은 명령을 의미하는 단어다. 간단히 비교해 보자면 소명은 부르심(Calling)이고, 사명은 보내심(Mission)이다. 우리가 소명대로 살아가기 어려운 이유 중 하나는 이렇게 부르심과 보내심, 즉 소명과 사명을 자주 혼동하기 때문이다.

그래서 앞선 청년의 질문은 소명에 대한 질문이라고 보기 어렵다. 말 자체가 완전히 틀렸다기보다는, 소명과 사명을 혼돈했기 때문이다. 물론 직업은 사명 그 자체가 아닌, 사명의 한 부분에 불과하지만, 의미상으로는 소명보다 사명에 더 가깝다. 소명과 사명을 이렇게 혼동하는 이유는, 소명에 대한 오해도 물론 있지만 본질적인 소명보다는 내가 당장 실행하는 사명에 대해서만 확신을 갖고 싶어 하기 때문이다. 소명의 자리는 부르신 분께 나아가야 알 수 있고, 사명의 자리는 보내신 곳에 나아가야 알 수 있다. 부르신 분께 왜 부르셨는지를 들어야만, 비로소 정말 내가 어떻게 살아야 할지, 무엇을 해야 하는지 알 수 있다. 그러나 대부분의 사람들은 소명에 대해 정확하게 물어보지 않은 채, 내가 하는 일들을 사명이라 확신하고 싶어 한다. 그러나 소명 없는 사명의 자리는 결코 있을 수 없다. 그리고 소명은 사명보다 반드시 우선해야 한다. 보낸 적이 없는데 어떻게 보내질 수 있다는 말인가.

그렇다면 이쯤에서 다음 질문에 답변할 수 있는지 생각해 보자. "당신의 소명은 무엇입니까?"

실제로 우리는 이 질문을 현실에서 직접적이든 간접적이든 꽤 많이 하는 편이다. 물론 소명이 무엇인지를 확인하기 위해서라기보다는, 실제로 구체적인 소명과 사명을 가지고 살아가는지가 궁금해서 질문한다. 그러나 보통 돌아오는 답변은 굉장히 애매모호하거나 장황한 경우가 많다.

교회에서 만난 청년들 역시 자신들의 소명에 대해서 잘 모르겠다고 말했다. 또 일부 청년들은 직업이나 진로라고 대답했다. 이 책을 읽는 당신은 어떻게 답변하겠는가? 쉽게 답변할 수 있겠는가? 아주 짧은 질문이지만 답변하기는 어렵다. 그 이유는 크게 두 가지로 나눠 살펴볼 수 있다. 하나는 우리가 하나님을 전부 알 수 없듯이, 소명 역시 구체적인 부분까지 완전히 이해하고 표현하기 어려운 속성을 지니고 있기 때문이다. 만약 그 이유가 아니라면 아직 소명에 대해서 진지하게 고민하여 개인적인 고백을 얻지 못했기 때문이다. 어떤 모양으로라도 하나님이 각자의 고백을 허락하시길 기도한다.

앞서 언급한 질문에 대한 답변은 다양하다. 나는 학생이라 아직 직업을 갖지 못했다고 변명을 하거나, 소명은 목사님처럼 사역자만 갖는 것이라고 답변을 하기도 한다. 뛰어난 변증가이자 저술가인 오스 기니스(Os Guinness)가 저술한 이 분야의 고전 「소명」(IVP)은 소명의 정의를 아래와 같이 내리고 있다.

> 소명이란 모든 사람이, 모든 곳에서, 모든 것에서 하나님의 일차적인 부르심에 반응함으로써 자신의 이차적인 부르심을 성취하는 것이다.
> 일차적 부르심은 그분에 의한, 그분을 향한, 그분을 위한 것이다. 무엇보다 일차적으로 우리는 누군가(하나님)에게 부름받은 것이지, 무엇(어머니 역할이나 정치나 교직)이나 어디(도시 빈민가나 몽골)로 부름받은 것이 아니다.

오스 기니스는 소명과 관련하여 하나님이 우리를 어떤 일이나 역할이 아니라, 존재로 부르신 것을 '일차적 부르심'이라고 정의한다. 즉, 나와 하나님의 일대일의 관계에서 개인적이고 특별하게 부르신 것을 말하는 것이다. 일차적 부르심을 이해한 사람은 그 부르심 가운데 '이차적 부르심'을 이해하게 된다. 이차적인 부르심이란 다른 이들을 구원받게 하고, 그들 또한 일차적인 부르심에 이를 수 있도록 하는 일이다. 오스 기니스의 표현을 빌리면 "모든 것을 다스리시는 주권적인 하나님을 기억하고 모든 사람이, 모든 곳에서, 모든 것에서 전적으로 그분을 위하여 생각하고, 말하고, 살고 행해야 한다는 것이다." 결국 소명이란 어떤 세상적 성취와 거리가 먼, 하나님과의 관계를 회복하는 일이라는 점을 알 수 있다. 가장 포괄적이고 본질을 잘 담고 있는 정의라고 생각한다.

반복해서 말하지만 소명은 청년들이 일반적으로 이야기하는 수준보다 훨씬 더 삶 전체를 관통하는 것이다. 그래서 내 삶의 일부를 차지하고 있는 직업을 소명이라고 할 수 없는 것이다. 물론 우리의 소명에서 진로와 직업은 중요한 도구이자 지경으로 존재한다. 그러나 직업이 소명과 동일시되는 것은 매우 위험하다. 심지어는 그것이 교회 안에서 거룩해 보이는 어떤 일이더라도 마찬가지다. 하나의 일 때문에 나머지의 삶이 존재한다고 설명하는 것은,

모든 이에게 구원을 주고 싶어 하시고 그들 각자에게 완전한 소명과 인생을 허락하신 하나님을 지독한 성취주의자로 만들거나, 우리를 기능적으로 취급하는 위대한 관리자 정도로 치부해 버리는 것이다.

소명은 철저하게 하나님과의 관계에 대한 이야기다. 그래서 나는 소명이라는 단어보다는 '부르심'이라는 단어로 표현하는 것을 선호한다. 부르심은 곧 부르신 분과 그분이 부른 목적을 담고 있다. 부르신 분이 누구인가, 그분은 무엇을 원하시는가, 그분과 나와의 관계는 어떠한가, 어떤 일들로 나 혹은 나와 같은 사람들을 불러오셨는가에 대해서 알게 된다면, 우리는 부르심에 대한 이해를 한층 더 높일 수 있다. 이것이 우리가 소명에 대해 진짜 고민해야 하는 주제다. 어떤 직업을 가질지가 아니라 말이다.

밤늦게 카페에 앉아서 친구와 대화하는 중이라고 상상해 보자. 그때 누군가에게서 전화가 오면 어떻게 반응할 것인가? 당연히 누구에게 온 전화인지에 따라 우리의 반응은 다를 것이다. 모르는 번호로 전화가 오면 대체로 무시할 것이고, 다른 친구에게서 온 전화라면 나중에 전화하겠다고 하거나 받지 않고 메시지를 남길 것이다. 부모님의 전화라면 분명히 어디인지, 왜 안 들어오는지 물어보실 테니 어떻게 답을 해야 할지 생각하며 가능한 한 늦게 받을 것이다. 안 받으면 이후에 더 곤란해질 수 있기 때문이다.

매우 단순한 이야기이기는 하지만, 이는 부르심의 한 속성을 잘 드러내고 있다. 누군가 나를 부른다는 것, 그것은 철저하게 부르는 이를 이해하는 것에서부터 출발해야 한다. 왜냐하면 부르는 이유는 부르는 이가 가장 잘 알고, 그것은 철저하게 그와 나의 관계성 속에서 발생한 것이기 때문이다. 가끔 소명을 발견하겠다며 자신의 특징을 살피는 교육 프로그램을 찾는 사람들을 본다. 물론 어떤 면에서 필요한 작업이기는 하지만, 나를 부르신 하나님에 대한 이해 없이는 올바른 결론에 도달하기 어려울 것이다.

마찬가지로 종종 언급되는 소명개발이라는 말은 이 시대에 중요한 개념임에도 불구하고 여전히 오해의 여지가 있다. 우리의 창조주 하나님이 부르시는 이유가 소명이라면, 당연히 우리의 소명은 우리가 알건 또는 모르건 존재한다. 우리를 지으실 때부터 그 이유는 있어야 마땅하다. 그래서 우리는 소명을 개발하기보다는 그 소명을 이해하는 나의 시각을 개발하고, 그렇게 그분과 우리의 관계를 이해하며 발견해야 한다. 심지어 소명은 우리의 계획이 아니라 그분의 계획이어서 우리의 생각과 다르다. 결국 그분이 우리에게 보여 주셔야 보이고, 알려 주셔야 이해된다. 그래서 소명은 주어진 조건으로 무엇을 해석하는 것이라기보다는, 의도를 가지고 우리를 부르신 그분의 음성을 잘 듣는 것이며 약속의 자리에서 머무르며 기다리는 것이다.

혹시 어린아이와 숨바꼭질을 해본 적이 있는가? 처음에 몇 번은 즐겁게 해줄 수 있지만 시간이 갈수록 상당한 이해심과 인내심이 필요할 것이다. 아무리 아이가 잘 숨어도 내 눈에는 쉽게 보인다. 그렇다고 너무 빨리 찾아 버리면 실망하게 된다. 그러나 그보다 어려운 것은 아이의 수준에 맞추어 숨는 것이다. 내가 정말 숨고자 최선을 다하면 아이는 절대로 나를 찾을 수 없다. 마찬가지로 소명은 곧 하나님의 계획이고 하나님의 의도이기 때문에, 그 비밀한 것을 그분이 보여 주시기로 결정하셔야만 우리가 발견할 수 있는 것이다.

자꾸 과거만을 살피고, 말씀을 억지로 해석하며, 특정 조건이 발동되었을 때 풀리는 퀴즈처럼 소명에 접근하지 않기를 바란다. 그보다는 그분을 좀 더 이해하려고 노력하자. 그분이 나에게 가장 적절한 때에 가장 충분히 보이실 것이며, 그 계획이 나의 생각과 다를지라도 가장 아름다울 것이라는 점을 기대하며 구하자.

어려운 개념을 한편에 두고 이 질문을 생각해 보자. "하나님은 나를 왜 부르셨을까?"

좀 더 명확해지지 않는가? 설마 내가 꿈꾸는 그 직업을 가지는 것 자체가 나의 창조 목적이었을까? 그럴 리가 없지 않은가. 재차 강조하지만 소명은 하나님과의 관계에 대한 이야기다. 오스 기니스는 「소명」에서 '부르시는 분'이 차지하는 무게에 대해 다음과 같이 강조한다.

> 부르시는 분이 없다면 소명도 없다. 단지 일만 있을 뿐이다.

나는 여전히 말로 다 할 수 없을 만큼 연약하고 부족한 인생이지만, 그래도 하나님이 먼저 훈련시키시고 특별히 은혜를 부어 주신 부분이 바로 이 소명에 대한 것이다. 소명에 대한 추구를 내가 자주 쓰는 나만의 어휘로 표현하자면 '출제자의 의도를 파악하는 것'이다.

나는 중학교, 고등학교 때 어떤 문제가 출제될지를 예측하는 경우가 많았다. 모든 시험에는 의도가 있었다. 선생님에 따라서 혹은 시험에 따라서 변별력을 가지고 등수를 만들어 내는 데 집중하는 경우도 있고, 각 부문의 핵심적인 학습 내용을 점검하기 위해 문제를 낼 때도 있다. 또는 수능을 대비하기 위해 미리 겪어 보라고 유사한 문제를 내기도 한다. 이런 추정이 가능해지면 수업을 들을 때나 시험을 준비할 때는 물론이고, 나아가서는 시험을 치를 때에도 수월해진다. 시험은 도구이지 목적이 아니기 때문이다. 그래서 나는 삶에서 좋은 국면을 만나거나, 낙담의 골짜기를 지날 때마다 이렇게 질문했다. "인생의 출제자이신 하나님은 왜 이러한 삶을 나에게 허락하셨을까?" 이 질문은 구원을 믿는 '나'라는 한 사람이 소명으로 나아가는 과정에서 매우 중요한 역할을 하였다.

가장 잘 대비하기 어려운 시험은 뚜렷한 의도가 없는 시험이다. 의도가 명확하고 그 의도를 잘 반영한 시험은 대비를 하면 된다. 어차피 내가 풀어야 할 문제인 줄 알고 출제자가 문제를 내기 때문에 그에 합당하게 대응하면 된다. 인간인 출제자는 불완전하다. 때때로 난이도 조절에 실패하여 변별력이 없거나 과도하게 어려워서 낙담자들을 만들어 낸다. 정말 중요한 것을 물어보지 못하고 엉뚱한 질문을 해서 제대로 준비한 수험생들을 곤란하게 만들기도 한다.

그러나 우리는 안심해도 된다. 우리 하나님은 가장 완벽하고 완전한 출제자이시다. 그분은 우리를 너무나 잘 아시고, 우리 한 사람 한 사람에 맞추어 가장 걸맞은 문제지를 준비하셨다. 그분은 시험의 요점을 놓치지 않으며 난이도 조절에도 실패하지 않으신다. 그리고 가장 중요한 것은 이 시험이 '사랑'이라는 그분의 속성 위에서 이루어진다는 사실이다. 우리는 이 시험에서 실패할 수 없다. 출제자이신 하나님은 우리의 통과를 이미 결정하셨다. 우리는 가서 시험지에 이름을 적고 우리가 할 수 있는 대로 최선을 다하기만 하면 된다. 마음 놓고 풀어도 된다. 이것이 그분의 의도이며 곧 소명을 따라 사는 삶의 자세다.

소명의 본질은 회복이다

오스 기니스는 「소명」에서 소명의 본질은 내가 구원받아 하나님을 찬양하는 것이 일차적 목적이며, 이차적 목적은 다른 이들도 하나님과 그렇게 관계 맺도록 하는 데 있다고 설명했다. 결국 소명은 창조와 구속의 사역을 이해하고 살아가기 위한 연장 선상에 있다. 창조와 구원이 그러하듯이, 소명 역시 부르신 분의 목적이고 그분의 선택이다. 우리가 그렇게도 치열하게 고생해 가며 선택하고 얻어내는 직업과는 사실상 실제적으로 관계가 없다.

관계에 좀 더 집중해 보자. 아이가 있는 집은 다 그렇겠지만, 우리 부부도 아이가 태어난 뒤에는 평소 좋아하는 영화를 자주 보러 가지 못한다. 그러다 가끔씩 갑자기 시간이 되면 급하게 약속을 잡아서 영화관 앞에서 만날 때가 있다. 그런데 종종 보고 싶은 영화가 이미 매진되어 있는 경우가 있다. 그럴 때 우리는 어떻게 반응하겠는가? 영화가 궁극적인 목적이어서 완전히 낭패라고 생각하고 낙담하여 집으로 돌아가겠는가? 그렇지 않다. 물론 아쉽고 안타깝겠지만, 오랜만에 난 시간에 간단히 차라도 마시며 아이가 있을 때 하지 못했던 대화도 나누고 산책도 하며 나름의 만족스러운 시간을 보낸다. 관계가 우선이기 때문이다. 소명도 그러하다. 우리는 소명의 길을 걸으며 무엇을 이룰 수도 있고 엄청난 기적 가운데 서 있을 수도 있다. 반대로 패배와 절망을 지날 수도 있다. 그러나 여전히 주님께서 우리와 함께 그 길을 걸어가신다면 이는 옳은 소명의 자리인 것이다.

살짝 관점을 바꾸어 새로운 질문을 던져 보자. 당신이 소명이라고 주장하는 그 일은 하나님, 곧 부르신 분과 무슨 관련이 있는가? 나와 하나님의 관계가 이해되었다면, 내가 하는 일도 하나님과의 관계에서 설정되어야 하는 것이 당연하다. 당신이 주장하는 그 일이 소명이 맞다면, 부르신 이와 밀접한 관련이 있어야 한다. 정직한 마음으로 그렇다고 답할 수 있는가? 당신이 지금 하고 있는 그 수고가 정말 하나님과 관련이 있는가? 하나님이 관심 있어 하시는 그 일인가?

고든 웬함(Gordon Wenham)은 하나님과 언약으로 맺어진 언약 백

성의 행위는 하나님의 행위를 반영해야 한다고 이야기한다. 우리는 하나님의 형상대로 창조되었으니 그 하나님을 반영하여 살아가야 한다. 그렇기 때문에 우리가 성공하는 것, 심지어는 세상에서 선하다고 말하는 일까지도 당연히 하나님과 관련 있다고 말할 수는 없다. 잘 생각해 보면 완전하신 하나님에게는 자신 외에 만족하실 만한 것이 있을 수 없다. 우리가 어떤 일을 한들 하나님의 완전함에 무엇을 더하고 무엇을 뺄 수 있을까.

그렇다면 하나님이 원하시는 것은 무엇인가. 다름 아닌 관계 맺음이다. 다시 말하자면 하나님이 창조 때부터 계획하신 그 목적대로 관계가 회복되는 것이다. 우리는 그 관계의 온전한 회복과 그 관계 안에서 삶을 회복하는 것으로 소명의 본질을 경험하게 된다. 그다음은 하나님이 우리를 먼저 부르신 이유와 마찬가지로 다른 이들 또한 하나님과의 관계가 회복되도록 돕는 것이다. 영혼 이외에 하나님이 가치 있게 여기시는 것이 도대체 무엇이란 말인가.

그래서 소명은 무엇을 성취하는 것에 대한 이야기라기보다는, 모든 영역에서의 회복을 의미한다. 우리의 소명은 하나님이 회복을 성취해 가시는 가운데 요청된 동역이다. 그래서 소명에는 하나님과 나와의 관계 회복뿐 아니라, 우리를 통해 다른 사람들도 하나님께 돌아오는 회복까지 내포되어 있는 것이다. 때문에 소명은 언제나 사람과 영혼을 바라본다. 그것은 어떤 일이나 성취나 사물로 끝나지 않는다.

영국의 정치인 윌리엄 윌버포스(William Wilberforce)는 노예 해방이 자신의 소명이라고 고백했다. 만약 소명이 노예 해방이라 하더라도, 그것은 일 자체가 목적이 아니라, 사람의 가치와 관계를 창조 때의 목적대로 회복하고자 하시는 하나님의 큰 계획 안에서의 동역이라고 할 수 있다. 윌버포스가 만약 그 동역을 거절했거나 실패했다면 노예 해방이 이루어지지 않았을까? 아마도 그렇지 않을 것이다. 하나님은 그 회복을 이미 명하셨고, 윌버포스는 그 맥락을 함께한 하나의 사람일 뿐이다. 만약 우리가 일이나 성취, 사물을 대상으로 우리의 소명을 이해하게 된다면 우리의 열정은 언젠가 고갈되고 만다. 하나님과 관계 없는 일이기 때문에 실제로 하나님이 주시는 열매를 경험하기 어렵다.

그렇다고 이것을 오해해서는 안 된다. 예를 들어서 이런 이야기를 하는 청년이 가끔 있다.

"하나님이 원하시는 일이 무엇인가 고민했고, 그것이 창조 질서의 회복이라고 생각했습니다. 그래서 신학대학원에 진학하기로 결정했습니다."

물론 영혼의 회복은 가장 중요하다. 그러나 여기에서 이야기하는 회복의 소명은 목회에만 국한되어 있지 않다. 정말 하나님은 모든 사람이 목회를 하기를 원하시는데 그중 일부만 자격이 되어 시키시는 것일까?

팀 켈러(Timothy J. Keller)는 「일과 영성」(두란노)에서 각자의 일의 영역이 회복되는 것이 하나님의 뜻이 드러나는 일이라고 설명한다. 이는 의미하는 바가 크다. 하나님은 우리가 하나님과의 관계를 회복하기를 바라실 뿐만 아니라, 우리를 통해 다른 사람들도 하나님께 돌아오기를 바라시고 있기 때문이다. 각자에게 주어진 소명의 모양은 구원만큼이나 개별적이어서 다 다르지만 모두 같은 방향을 향하고 있다. 「일과 영성」에서 설명하듯, 기자는 공명정대하게 기사를 작성해야 하고, 의사는 아픈 부위를 넘어서 전인격적 인간에게 관심을 가지고 대해야 한다. 그렇게 각자의 활동 영역이 회복되어 가는 것이 일의 의미가 되고, 그것은 우리의 소명과 연결되는 중요한 지점을 제공한다. 그 일을 통해 누군가가 하나님을 깨달아 알게 되고, 다시 한 번 사랑을 받을 수 있게 되기 때문이다.

우리는 거룩하고 성스러운 것만이 소명이라고 오해해서는 안 된다. 모든 영역에서의 회복이 우리가 부름받은 목적이다. 그래서 서로 다른 자들이 부름받았다. 목회는 그중 특수한 영역이다. 나는 크게는 비즈니스 영역에서의 회복을 꿈꾸고 있다. 이 자본주의 시대에 비즈니스만큼 중요한 선교지가 있을까. 그곳에서 일하는 사람들만큼 위로가 필요한 이들이 또 있을까. 소위 선교단체가 말하는 미전도종족이 비즈니스 영역 안에 가득하다. 존 러스킨(John Ruskin)이 말한 것처럼, 강단에서 순교자가 나오듯 시장 거리에서도 순교자가 나와야 한다. 비즈니스 영역 역시 하나님의 영역이며 하나님의 통치가 이루어져야 한다. 나는 이것이 하나님의 큰 계획 가운데 내가 동역할 부분이라고 믿는다. 다양한 그리스도인이 각자의 특별한 소명을 가지고 하나님의 뜻과 계획 안에서 세상 곳곳에서 회복의 손길로 살아가기를 하나님은 바라신다고 믿는다.

소명은 결코 무겁지 않다

그렇다고 소명이 거창하고 부담스러운 것이라고 오해하는 것 역시 옳지 않다. 가끔씩 소명을 마치 선교사나 목회자들이 받는 그런 것으로 잘못 이해하는 경우를 본다. 전문 사역자로의 부르심이 특별한 목적을 가질 수는 있지만, 부르심을 받은 모든 이에게 소명은 있다. 그리고 부르신 분은 우리를 너무나 잘 아시기 때문에 우리에게 적합한 계획을 가지고 계시다. 소명은 거창한 일을 하거나 정해진 어떤 목표를 달성하는 것이 아니라, 하나님 안에 거하고(being) 성숙해 가는 과정으로 이해해야 한다. 물론 그 과정이 쉽지는 않지만, 무거운 것, 불가능하고 부담스러운 것은 아니다.

릭 워렌(Rick Warren)은 「목적이 이끄는 삶」(디모데)에서 하나님은 우리가 무엇을 하는지(doing)보다 어떤 사람인지(being)에 더 관심을 두신다고 말한다. 소명에 대해서도 그렇다. 하나님은 우리에게 너무나도 관심이 많으시고 우리와의 관계를 회복하기 위해 예수 그리스도의 목숨까지 내어 주시지만, 거기에 대해 우리가 질 짐은 거의 없다. 우리는 그 은혜를 감사로 받아들이면 된다. 우리의 소명에 대해서도 그분이 우리를 부르신 그 뜻이 이루어지기를 기대하고 기도하며 그렇게 매일을 성실하게 살아가면 된다. 그래서 무겁지 않다. 구원에서도 값을 요구하시지 않은 하나님이 우리의 소명에서 갑자기 대가를 요구하실까? 그분과 우리는 일대일로 주고받는 기브앤테이크 관계가 아니다. 서로 사랑하는 사이이고, 그렇게 창조되어 선택된 관계다.

그분이 어떤 일을 하시려는데 그 일에 종이 필요해서 우리를 부르셨겠는가. 세상을 말씀으로 창조하신 하나님이 어떤 일에 우리가 필요하실까. 우리를 부르신 것은 무엇을 이루어 낼 노예가 필요해서가 아니라, 함께 거하고 경험할 자녀를 사랑하기 위해서다.

따라서 우리는 성취보다는 성숙에, 열정보다는 성실함에, 뛰어남보다는 정직함에 초점을 두어야 한다. C. S. 루이스(C. S. Lewis)는 「영광의 무게」(홍성사)에서 이렇게 말했다.

> 과연 하나님이 청소부와 구두닦이보다 학자와 시인들을 본질적으로 더 기뻐하실까요? … 베토벤 같은 작곡가의 일과 파출부의 일은 정확히 똑같은 조건으로, 즉 하나님께 바쳐지고 주께 하듯 겸손하게 할 때만 영적인 일이 됩니다.

구원의 복음이 우리를 자유케 하듯, 소명은 청년의 때에 갖는 진로와 결혼의 무게를 가볍게 한다. 소명은 사실 우리의 삶을 더 자유케 한다. 물론 우리가 걸어가는 길이 어렵기는 하겠지만, 우리의 유일한 청중이신 하나님은 우리의 성취가 아닌 우리의 중심을 보신다. 그래서 때론 넘어져도 그분은 그것을 실패로 보시지 않는다. 하나님은 우리의 눈이 길가의 화려한 열매나 하나님의 손에 들려 있는 어떤 것이 아니라, 하나님의 얼굴을 구하고 있는가에 중심을 두신다. 그리고 그것은 우리가 하나님을 사랑하기만 하면 당연히 이루어지는 일이다. 그래서 무겁지 않다.

회사 초기 때부터 친하게 지낸 디자인 회사 대표가 최근 자신의 달란트와 소명에 대해 전해 준 고백이다.

"회사에서 신규 사업에 도전하게 되었습니다. 그러나 과도한 투자로 인해 회사는 어려워졌고, 직원들의 월급까지 밀릴 위기에 놓이게 되었습니다. 모태신앙이었지만 주일도 잘 지키지 않던 저는 지푸라기라도 잡는 심정으로 금식기도를 시작하였고, 지인의 소개로 소명 수업을 듣게 되었습니다. 소명 수업은 하나님이 나에게 주신 소명이 무엇인지에 대해 처음으로 진지하게 고민하는 계기가 되었습니다. 수업을 마친 뒤 지속적인 새벽기도와 묵상을 통해 하나님과의 관계가 가까워짐을 경험하였고, 기도 중 (모태신앙이었음에도 믿지 못했던) 예수님이 나의 죄 때문에 돌아가셨다는 것을 알게 되었습니다.

그 후 마태복음 25장 14-30절의 달란트의 비유 말씀을 읽고 묵상하는데, 제가 꼭 그 한 달란트를 땅에 묻어 두어 호되게 혼이 난 종과 같다는 생각이 들었습니다. 그리고 내가 가지고 있는 디자인 재능이 나의 기대와 세상의 기준에 미치지 못한다고 생각하여 디자인이 아닌 사업으로 눈을 돌렸던 제 자신을 돌아보게 되었습니다. 저는 하나님이 주신 한 달란트(디자인 재능)를 적다고 땅에 묻어 두지 않고, 두 배, 세 배가 될 수 있도록 충성하여 하늘나라에 갔을 때 칭찬받고 싶어졌습니다. 그때부터 신규 사업으로 인해 2년 가까이 사용하지 않던 디자인 툴들을 다시 열어 사용하게 되었고, 브랜드 디자이너로서의 길을 다시 걷기 시작했습니다.

그 후로 새로운 프로젝트를 시작할 때부터 끝날 때까지 클라이언트를 위해, 프로젝트를 위해, 함께 참여하는 팀원들을 위해 구체적으로 늘 기도하게 되었고, 하나님이 붙여 주신 조력자와 함께 회사에 신규 직원을 뽑을 때, 월급을 지급한 뒤에, 중요한 문제를 결정할 때 항상 기도하게 되었습니다. 일적으로도 직간접적으로 하나님과 관련된 프로젝트를 많이 하게 되었으며, 브랜드 프로젝트의 양과 질적으로도 기대 이상의 성장을 이룰 수 있었습니다. 아직 하나님이 주신 나의 달란트를 이 세상과 이웃을 위해 어떻게 써야 할지 구체적으로는 잘 모르겠습니다. 하지만 하루하루 충실히 하나님의 디자이너로 기도하며 살아갈 때, 하나님은 분명하게 제게 주신 이 달란트를 어떻게 쓸지 알려 주시리라 믿습니다."

이 고백 이후 그 친구의 한 달란트가 열 달란트가 되어 있었을까? 그렇지 않다. 여전히 그 친구가 생각하기에는 자신이 가진 달란트는 하나라고 한다. 하지만 감사하고 만족하며 자신의 한 달란트를 최선을 다해 사용하기 시작했다. 왜냐하면 달란트의 많음이 중요한 것이 아니라, 주신 분의 뜻대로 사용하는 것이 중요하다는 것을 알았기 때문이다. 잊지 말자. 하나님은 한 달란트든 열 달란트든, 혹은 그 달란트를 종자 삼아서 백 배를 남겼든 개의치 않으신다. 그분은 결단과 순종을 원하신다. 그래서 그 친구의 마음이 바로 소명을 이해한 사람의 고백이라고 생각한다.

앞서 회복을 언급했는데, 회복의 가장 초기 원형은 에덴 동산이다. 하나님은 천지를 지으시고는 보시기에 좋았다고 하셨다. 그 안에는 하나님의 성품과 사랑이 충만하게 드러났던 것 같다. 에덴 동산에는 아마도 토끼도 있고 사자도 있었을 것이다. 수많은 새도 있었을 텐데, 강인한 독수리가 있는가 하면 너무나 연약한 참새도 있었으리라 추정해 본다. 그렇게 다들 창조된 대로 살아가는 것이 하나님 보시기에 좋았더라고 성경은 기록하고 있다. 창조의 완전함이 이루어진 에덴 동산에는 그렇게 사자와 토끼, 독수리와 참새가 공존하고 있었다. 사자가 비록 토끼보다 강하지만, 독수리가 참새보다 빠르고 강인하지만, 그 강하고 빠르다는 사실이 에덴 동산의 완전함에는 전혀 영향을 미치지 않았다. 우리가 토끼라면 토끼대로, 참새라면 참새대로 존재하는 것이 에덴 동산 창조주의 뜻이고, 그 존재만으로 에덴 동산의 완전함에 기여하는 것이다. 우리가 그렇게 하나님이 기뻐하셨던 모습대로 살아가면 부르심의 목적을 달성하게 된다.

신앙의 선배 중에 이용규 선교사님이 있다. 그가 하나님 안에서 애쓰는 모습이 무척이나 인상 깊었다. 저렇게 대단해 보이는 선배도 끊임없이 하나님 앞에 나아가려고 노력한다는 것이, 그러면서도 충분히 행복하다고 고백하는 모습이 내게 도전이 되었다. 그가 최근 우리 교회에 와서 했던 말씀도 이와 관련이 있는데, 성공을 따라가려고 노력하지 않고 약속의 자리를 지키려고 노력해 왔다는 고백이었다.

> 성공을 따라가는 것이 아니라 약속의 자리를 지키려고 노력해야 합니다. 우리가 두려워할 것은 실패가 아니라 하나님과 멀어지는 것입니다.

그렇다. 우리에게 필요한 소명은 약속의 자리를 우리의 모습대로 지켜내는 것이다.

내가 알고 지내는 한 집사님은 작은 회사를 하나 운영하고 계신다. 보통의 경우와 마찬가지로 그 회사도 자신의 의지와 뜻과는 상관없이 어려움을 겪었다. 그때마다 그 집사님이 하시는 말씀이 참 위로가 되었다.

"여전히 제 삶은 엉망입니다. 사업도 그리 신통치 않고요. 꽤했다고 생각했는데 한 치 앞도 모르겠고, 내 뜻대로 되는 것도 없습니다. 하지만 하나님이 원하시는 것이 이 방향이라는 믿음은 있습니다. 그래서 이 안에서 소박하게, 한 걸음씩 걸어가는 중입니다. 다른 것은 하나님이 하시겠죠."

우리가 걸어가는 이런 걸음이 소명의 길이라고 믿는다. 소명은 결코 무겁지 않다. 이는 정신 승리나 세상에서 말하는 긍정적 사고가 아니라, 우리를 부르신 분을 이해하고 그분이 부르신 목적과 관계를 삶에서 살아내는 실제다.

더 깊이 생각해 보기

Q 하나님은 나를 왜 부르실까요?

… 나를 사랑하시기 때문에, 또한 나를 통해 찬양받기 원하시고 다른 이들을 구원하시기 위해서 부르셨다.

Q 당신이 생각하는 소명의 정의는 무엇인가요?

… 우리는 앞서 소명은 직업 아니라는 점을 확인했다. 여러 가지 정의가 있겠지만 이 책에서는 '부르심'이라고 답한다. 이는 '무엇을 하는가'보다는 하나님과의 '관계'에 초점을 둔 정의다.

Q 당신은 소명을 직업으로 오해하고 있지 않나요?

… 많은 사람이 그렇게 오해한다. 그래서 이 책에서도 그 부분을 비중 있게 다루고 있다. 직업은 우리의 소명과 동일시될 수 없다. 소명은 부르심 그 자체로 우리 삶의 이유이며, 삶의 방향을 의미한다. 직업은 그 소명이 발현되는 도구나 형태 중 일부에 불과하다. 사회가 구성해 놓은 통념을 벗어날 필요가 있다.

Q 당신의 소명은 무엇인가요? 그렇게 확신할 수 있는 이유 혹은 사건이 있나요?

… 소명은 직업이 아니라는 점을 되새기며 나의 소명은 무엇인지 글로 정리해 보자. 소명을 어떻게 고백하고 있는지 글로 써보는 일은 자신의 생각을 선명하게 정리하는 데 도움이 될 것이다.

우리가 소명이라고 여기는 확신은 공동체에서 주어질 수도 있고, 긍휼이 여기는 마음에서 발견될 수도 있다. 혹은 한 영혼이 하나님께 돌아오도록 하는 일로도, 우리가 조금씩 더 하나님 안에서 성장해 가는 것으로도 그 확신을 더할 수 있다.

Q 당신의 소명은 하나님과 관련이 있나요?

… 우리가 소명이라고 생각하는 것이 하나님과 관련 없이 우리의 만족이나 성공 혹은 먹고 사는 문제에 국한되어 있다면 그것은 당연히 소명이 아닐 것이다. 하나님과의 관계, 그리고 이웃의 영혼과의 관계에 우리의 소명이 연결되어 있는지 꼭 검토해 보자.

CHAPTER 02

소명은 어떻게 알 수 있나요?

소명의 발견 No, 이해 Yes!

"소명을 어떻게 찾아야 할지 모르겠어요. 경험이 부족해서 그런 것 같아요. 해외에 나가 보려고 해요. 새로운 걸 보면 아이디어가 생기지 않을까요?" "회사를 그만두고 다른 일을 찾아보려고요. 새로운 걸 해봐야 하지 않을까요?" "새로운 자격증을 따볼까요?"

    소명에 대해 알기 시작한 청년들을 만날 때마다 적지 않게 듣는 이야기다. 이들은 각자의 소명을 특별한 계기를 통해 마치 보물찾기 게임을 하듯 발견하기 원한다. 하지만 소명은 콜럼버스가 신대륙을 발견한 것처럼, 어딘가 있을 미지의 세계를 발견하기 위해 찾아 나서는 것이 아니다. 오히려 나의 오래된 일기장을 통해서, 늘 내 곁에 있었던 가족이나 친구들을 통해서, 그리고 현재 내가 일하고 있는 자리에서 나를 이해하는 행위에 더 가깝다.

소명은 발견되는 것이 아니라 점점 더 깊이 이해되는 것이다. 하나님은 내가 태어나기도 전에 나를 부르셨고, 내가 소명을 전혀 이해하지 못하는 순간에도 나를 이끄셨으며, 한 치의 오차 없이 인도하시고 계셨다. 내가 인지하고 있지 못할 뿐이지 모든 것이 소명을 위해 준비되고 있기 때문에 삶의 과정을 통해서 소명을 이해할 수 있게 된다.

사도 바울의 경우를 보자. 그는 심지어 자신의 소명을 완전히 오해하고 소명과 반대되는 삶을 살았다. 하지만 하나님과의 관계가 바로 서자 본연의 소명을 이해하게 되었다. 그렇다 하더라고 지금까지 살아온 그의 삶 전체가 부정되는 것은 아니다. 오히려 그의 삶이 통째로 소명을 위해 사용되었음을 알 수 있다.

이렇듯 소명은 새로운 출발선을 찾아 나서 이전과는 전혀 다른 새로운 삶을 살아가는 것이 아니다. 소명을 인지하지 못한 지금도 우리는 소명의 자리를 위해 준비되고 있으며, 하나님과의 관계를 통해 소명을 조금씩 더 분명히 이해해 나가야 하는 것이다. 소명은 찾아 나서는 것이 아니라, 하나님과의 관계 안에서 하나님이 나를 만드신 이유와 나의 역할을 이해하는 것이다. 이것은 단번에 이루어지지 않는다. 우리가 소명이 무엇인지 모르더라도 소명의 삶을 살고자 애쓸 때, 하나님은 나의 노력과 능력에 상관없이 은혜로 우리의 소명을 조금 더 이해할 수 있도록 우리의 지경을 확장시켜 주신다. 이러한 애씀과 은혜의 반복을 통해 우리는 소명을 점점 더 이해할 수 있게 되는 것이다.

행위와 열심으로 소명을 단번에 발견하겠다는 욕심을 내려놓고 이미 나에게 주어진 소명을 더 잘 이해하기 위한 일련의 과정과 그에 동반되어야 하는 태도에 대해 이야기해 보고자 한다.

소명을 이해하는 4단계

1단계: 나에게 가장 적합한 소명을 주셨다는 신뢰가 우선이다

소명은 무엇인가를 하는 행위(doing)가 아니고 태초에 하나님이 나를 부르신 모습 즉, 나의 존재(being) 자체다. 그러기에 모든 소명은 그 자체로 완전하고, 비교 불가능하며, 각각 모두 소중하다. 어떤 사람은 큰 소명을 받았고 어떤 사람은 작은 소명을 받았다는 말은 소명과 어울리지 않는다. 하나님은 우리에게 각기 다른 모습, 각기 다른 은사와 환경을 주셨다.

하나님은 우리를 창조하시고 나에 대해서 처음부터 끝까지 아시며, 우리에게 은혜를 베풀기로 결정하셨다. 우리는 그분의 은혜를 인정하고, 받아들이고, 내게 주신 것이 나에게 가장 적합한 나의 소명임을 인정하고 이해해야 한다.

때로는 소명을 오해해서 어떤 특정한 모습만 소명이라고 생각하는 청년들을 만날 때가 있다. 이들은 자신의 고유한 모습을 인정하기보다는 사회에서 규정한 특정 모습을 자신의 삶의 목표로 정하고 그와 같이 살아가기를 원한다. 세상에서 인정해 주는 선한 자리에 있어야만, 높은 자리에 올라야만, 돈을 많이 가지고 있어야만 소명자로서의 역할을 할 수 있다고 생각한다. 이는 완전히 하나님을 오해한 것이다. 하나님은 우리 모두를 각각 다른 모습, 다른 역할의 완벽한 작품으로 창조하셨다. 나에게 주어진 모습이 나에게 가장 합당한 모습인 것이다. 금그릇, 은그릇, 나무그릇, 질그릇을 세상의 가치관으로 바라보면 어떤 것이 더 좋다고 판단할 수 있으나, 하나님이 보시기에는 모두 다른 역할을 담당하는 완벽한 작품이다. 우리가 해야 하는 일은 디모데후서 말씀처럼 자기를 깨끗이 하고 나의 본래 모습인 소명의 모습으로 존재하는 것이다.

> 큰 집에는 금 그릇과 은 그릇뿐 아니라 나무 그릇과 질그릇도 있어 귀하게 쓰는 것도 있고 천하게 쓰는 것도 있나니, 그러므로 누구든지 이런 것에서 자기를 깨끗하게 하면 귀히 쓰는 그릇

이 되어 거룩하고 주인의 쓰심에 합당하며 모든 선한 일에 준비함이 되리라. 딤후 2:20-21

우리 모두에게는 하나님이 허락하신 특별하고 개별화된 소명이 존재한다. 분당우리교회 이찬수 목사님은 이렇게 많은 교회가 있는데 내가 왜 또 교회를 세워야 하냐고 하나님께 답을 얻을 때까지 붙들며 기도했다고 한다. 많은 교회가 있는데 교회를 또 세우려면 분명한 소명이 있어야 한다. 이를 하나님의 성전인 우리 자신에게 빗대어 생각해 보자.

이렇게 많은 사람이 있는데 하나님은 나는 왜 또 만드셨을까? 거기에는 분명한 답이 있지 않을까? 아직 찾지 못하였더라도 나는 옆에 앉은 사람과는 분명히 다른 목적과 소명을 가지고 만들어진 사람이다. 그러기에 나는 소명이 없을까 봐, 특별하지 않을까 봐 불안해할 필요가 없다. 많은 사람이 이미 하나님을 찬양하고 있음에도 불구하고 나를 만드신 이유가 분명히 존재한다.

이것을 신뢰하기 시작하면 소명을 이해하는 데 있어 많은 부분이 해결된다. 소명은 내가 이루어가는 것이 아니라, 내가 소명의 삶을 살기 위해 고군분투하면 하나님이 은혜로 그 자리를 열어 주시는 것이기 때문이다. 소명의 자리를 위해 가장 먼저 요구되는 것은 어떤 능력을 쌓거나 필요한 자원을 준비하는 것이 아니다. 다시 한 번 강조하지만, 하나님이 우리에게 요구하시는 것은 성공이 아니라 소명에 대한 충성이기 때문이다. 성공 여부와 상관없이 우리에게 요구되는 것은, 하나님을 신뢰하고 그 부르심에 응답하는 것이다. 그것이 첫 발걸음이자 모든 것이다.

2단계: 하나님의 가치관으로 살아가겠다는 결단이 필요하다

내게도 하나님이 주신 분명한 소명이 있다는 것을 신뢰하기 시작했다면, 이제는 그 어떤 것보다 하나님과의 친밀한 관계 안에서 하나님의 가치관을 우선시하는 삶을 살아가겠다고 결단해야 한다. 이런 결단 없이 이해된 소명은 진짜 소명이 아닐 확률이 높다. 헨리 블랙가비(Henry T. Blackaby)는 「하나님을 경험하는 삶」(요단)에서 다음과 같이 이야기한다.

> 자기 중심적인 사람들은 안정된 삶을 유지하려고 노력한다. 그래서 세상적인 목표를 위해 힘쓰고 싶은 유혹을 받는다. 그리고 세상의 기준으로 성공했을 땐, 우리의 성공으로 하나님께 영광을 돌림으로써 하나님을 우리 세상으로 끌어들이려 한다.
> 당신 자신의 목표들을 추구하며 하나님께 그것을 축복해 달라고 기도

하고픈 유혹을 뿌리치라. 제자들은 하나님이 그의 아들을 통해 성취하려 하시는 놀라운 구속 사역보다 자신들이 하나님을 위해 무엇을 할지에 더 관심이 있었다. 혹 당신도 그리스도와 주변에서 나타나는 그리스도의 역사하심 외에 다른 일들에 정신이 팔려 있는가? 아직 하나님의 뜻이 무엇인지 분명히 듣지 못했는데, 일을 시작하고 싶은 마음이 간절한가?

이렇듯 우리는 교묘하게 세상의 성공과 하나님이 주신 사명을 같이 할 수 있다고 스스로를 속인 채 세상의 가치관을 포기하지 않으려 한다. 물론 세상의 성공과 소명의 모습이 공존할 수 없다는 것은 아니다. 하지만 세상의 가치관과 하나님의 가치관은 공존할 수 없다. 지금 당장 세상의 가치관을 버리고 하나님의 사고나 행동양식으로 변화하려는 힘겨운 적응과 결단이 있어야만 비로소 우리는 하나님과 동행할 수 있으며 하나님이 주신 우리의 소명을 이해할 수 있다.

대학생활 동안 청년부 리더로 헌신하고 신앙심도 깊다고 칭찬받는 한 청년이 있었다. 그는 소위 세상에서 말하는 스펙도 좋아 주위 사람들로부터 크리스천 리더로서 모범적인 역할을 할 것이라는 기대를 한 몸에 받고 있었다. 본인도 대학생활 내내 열심히 신앙생활 하면서, 언제든지 하나님이 부르시면 바로 응답하여 소명의 삶을 살아가리라 생각했다. 하지만 막상 취업이라는 결정적인 순간 앞에 섰을 때, 그는 연봉은 적지만 소명이라고 느껴지는 직장과 연봉은 높지만 소명이 없는 직장 중 후자를 선택했다. 마음 한편에 불편함이 있었지만 부모님의 기대에 부응하기 위한 어쩔 수 없는 선택이었으며, 일정 이상의 돈을 모으면 이곳에서 배운 역량을 세상을 회복하는 데 활용할 수 있는 곳으로 이직하리라 생각했다.

첫 직장에서 그가 맡은 일들은 예상보다 훨씬 더 정직하지 못했다. 그는 주변 사람들에게 불만을 토로하고, 신앙적인 갈등으로 인해 고민했지만 쉽게 그만두지는 못했다. 이후 다시 이직할 때도 소명보다는 재정적인 기준으로 직장을 선택했고, 온갖 변명들로 자신을 방어하며 지금까지 방황하고 있다.

세상의 관점에서 이 청년은 매우 합리적인 선택을 했다고 판단할 수도 있다. 그러나 하나님이 우리에게 가장 적합한 소명을 주셨다는 것을 신뢰한다면 재정이든 세상의 인정이든 그 어떤 것도 우리에게 문제가 되지 않는다는 것을 신뢰해야 한다. 이런 신뢰를 바탕으로 우리는 '언젠가는 하나님의 부르심에 응답하겠습니다'가 아닌, '지금 바로 하나님의 부르심에 응답하고 하나님의 가치관에 따라 세상적인 욕심을 포기하기로 결단하겠습니다'라는 고백을 해야 한다. 앞선 청년의 사례와는 반대로, 하나님의 가치관으로 살겠다는 결단이 어떻게 소명의 삶으로 이끄는지 다음의 사례를 통해 알아보자.

내가 알고 지내는 A대표는 어릴 적부터 자신의 천성이 사업가라고 생각하면서 자랐다. 초등학교 시절에는 친구들을 모아 은행나무잎을 주워다가 한약방에 팔았다. 어린 나이임에도 불구하고 돈을 더 많이 받기 위해 은행나무잎 자루에 돌을 몰래 넣어 두기도 했다. 고등학교 때는 교회 친구들을 모아 농구 토너먼트 대회를 열어 돈을 벌었다. 교회는 열심히 다녔지만 교회에서의 삶과 교회 밖의 삶은 별개라고 생각했다. 졸업만 간신히 가능한 학점으로 학교를 졸업했고, 생각 없이 어떻게 하다 보니 럭셔리 의류 브랜드에 취업하여 나름 괜찮은 평가도 받고 있었다.

그러던 어느 날 '왜 살지?'라는 의문이 들었다. 그 의문은 멈추지 않았고 결국 회사를 그만두기로 했다. 막상 회사를 그만두니 할 수 있는 것이 없어 하나님을 찾았는데, 그때 말씀(잠언)을 받아 온라인 의류 사업을 시작하게 되었다. 사업은 신기할 정도로 잘 풀렸고 순식간에 매출 10억대를 올리게 되었다. 말씀으로 시작했고 모든 것이 잘 풀렸기에 그는 그 일이 자신의 소명이라 믿었다. 하지만 사실 그의 마음속에는 의류 사업으로 성공할 수 있으리라는 교묘한 자신감이 자리 잡고 있었다.

하나님은 실패를 통해 그를 진정한 소명의 자리로 다시 인도하셨다. 그는 10년 이상을 알아 온 친형 같은 동업자에게 사기를 당해 빚만 지고 사업을 접게 되었다. 그 당시에는 하나님이 그에게 왜 이러시는지 이해가 되지 않았지만, 다시 하나님께 매달리며 하나님과의 관계를 회복할 때 비로소 깨닫게 되었다. '하나님은 의류 사업을 통해 세상적으로 성공하기만을 원하시는 것이 아니구나. 내가 하나님을 오해한 거구나! 사업의 성공 여부와 상관없이 하나님은 내가 사람들에게 회복을 전하기를 원하신 거구나.' 그는 어릴 적 유학생활을 하면서 접했던 과일 음료로 소농가와 고객들에게 회복을 전달하는 브랜드를 만들었다. 이러한 일련의 과정을 통해 그는 사업과 아이템은 도구뿐이라는 것을 깨닫게 되었다. 그리고 지금은 정직하게 행하여 작고 소외된 자들에게 회복을 전달하는 소명을 사업이라는 도구를 통해 이루어 가고 있는 중이다.

이처럼 하나님이 관심을 가지시는 영역에 나도 관심을 가지게 될 때 우리는 소명의 자리로 나아 갈 수 있다. A대표에게는 현재 하고 있는 사업이 소명의 형태로 드러나고 있지만, 이 형태는 언제든지 바뀔 수 있다. 결국 형태가 중요한 것이 아니라, 하나님과 친밀한 관계를 유지하면서 하나님의 가치관으로 세상을 살아가려는 노력이 중요한 것이다.

위 예시에서 발견할 수 있는 중요한 부분이 또 하나 있다. 바로 지금 결단하지 못하면 결국 언젠가 이 결단의 자리로 다시 돌아와 새로 소명을 이해하는 시간을 가져야 한다는 것이다. 또다시 시간을 허비하여 먼 길을 돌아 다시 이 자리에 올 것인가, 아니면 지금 결단의 시간을 가지고 하나님의 가치관으로 무장하여 소명을 본격적으로 이해하기 시작할 것인가. 결정은 지금 당신에게 달려 있다.

3단계: 소명의 복선은 나의 과거와 현재에 숨어 있다

"하나님을 믿고 이제 새사람이 되었어요. 과거의 나는 다 없어지고 이제 새 시작을 하면 되겠죠?" "저에게 하나님이 자꾸 이쪽으로 가라고 하세요. 근데 저는 지금 준비가 안 되어 있어요. 자격증도 없고 능력도 없고…." "지금까지 교회에서만 열심히 일하고 세상이 알아주는 스펙 하나 없는데, 제가 잘할 수 있을까요?"

세상의 관점으로 나를 바라보면 과거의 나는 너무 초라하고 다시 시작하고 싶은 존재이며, 현재의 나는 쓸모없게 느껴질 수도 있다. 하지만 우리는 이제 하나님의 관점으로 자신을 직면하고 재해석해야 한다. 세상의 관점에서는 보잘것없어 보이는 나의 과거도,

배경도, 은사도 하나님이 주신 것임을 인정해야 나의 소명이 이해되기 시작된다. 도피하지 말고 현재의 나에서 시작해야 한다. 지금의 상황에 직면하기 싫어 과거를 지우고 환경을 바꾸기 위해 '해외에 가면 달라지겠지', '이 시험에 붙으면 달라질 거야', '집에서 나오면 달라질 거야'라고 생각하는 것은 소명을 이해하는 데 조금도 도움이 되지 않는다.

엘리자베스 오코너(Elizabeth O'Connor)는 「여덟 번째 창조의 날」(Eighth Day of Creation)에서 "당신은 하나님의 뜻이 바로 당신의 존재에 쓰여 있다는 생각은 전혀 하지 않은 채 하나님의 뜻을 알고자 한다. 자신의 은사를 분별할 때 우리는 그 뜻을 깨달을 수 있다"라고 말했다.

우리는 먼저 나 자신을 돌아봐야 한다. 나의 과거가 지금의 나의 모습을 만들었다. 물론 깨어지고 망가진 세상에 의해 굴곡이 생기기는 했지만, 그 모습 안에도 하나님의 인도하심이 분명하게 존재한다. 하나님은 나에게 왜 이런 부모, 공동체를 허락하셨을까?

위기 청소년 중, 가출을 비롯한 본드 중독, 왕따, 학교폭력 등의 범죄를 반복하는 중범죄 청소년 공동체를 섬기는 목사님이 계신다. 이 목사님이 태어난 시절에는 대부분의 사람들이 가난했지만, 목사님은 그중에서도 더 지독하게 가난한 집안에서 태어났다고 한다. 면사무소와 동네 사람들이 준 밀가루와 감자를 받아 먹으면서 자랐기 때문에 지금까지도 수제비와 감자를 먹지 못할 정도라고 하니 얼마나 가난에 사무쳤을지 이해가 된다. 중학교 시절에 전교생 중 고무신을 신고 다닌 학생은 본인뿐이었고, 매번 육성회비를 내지 못해 반아이들이 있는 가운데서 호명되어 놀림을 받았다고 한다. 천성적으로 감수성이 풍부했던 목사님은 이런 과정들로 인해 더욱 소심해지고 세상과 등지게 되었다. 그래서 학생으로서는 하지 말아야 하는 음주, 흡연, 폭력 등의 행위를 통해 세상에 불만을 표출했다. 당시에는 그런 방법 외에는 어떻게 해야 하는지 알지 못했다.

그렇게 인생을 막 살아가던 중, 고등학교 담임선생님을 통해 인생의 전환점을 맞이하게 되었다. 처음 학교에 부임한 젊은 담임선생님은 초심의 열정으로 매일 아침마다 시험을 보았다. 하지만 그 당시 목사님은 밤새 술 먹고 새벽까지 놀다가 등교하는 소위 위기 청소년이었다. 시험지를 봐도 무슨 내용인지 알 수 없어 백지로 제출할 수밖에 없었다. 지금까지 다른 선생님들은 가난하고 공부도 못하는 자신에게 관심을 가진 적이 없었는데, 담임선생님은 그날 힘이 빠질 때까지 몽둥이로 목사님을 때리고 나서 "넌 그런 놈이 아니잖아!"라고 말씀하셨다고 한다.

그날 목사님은 자신이 그런 사람이 아닐 수도 있다는 사실을 처음 직면하게 되었다. 그리고 그것을 증명해 보이고 싶었다. 목사님은 그날부터 공부하여 성적으로 그것을 증명해 내었고, 이어 대학에까지 입학했다.

대학에 들어간 목사님은 정치활동을 하다가 감옥에 들어가게 되었는데, 감옥에서 이런 저런 사람들을 만나면서 감옥에서만 사용하는 은어들을 배우게 되었다. 그 당시에는 다양한 경험 중 하나라고만 생각했고 이런 경험들에 큰 의미를 두지 않았다.

어려서부터 가난하게만 살았던 목사님은 돈을 많이 벌어 과거의 자신은 잊고 새로운 사람임을 다시 한번 증명해 보이고 싶었다. 25세에 처음 창업한 사업체는 급속도로 성장하였고, 생각보다 큰 돈을 벌었다. 가난했지만 정직과 성실을 중요하게 여긴 부모님에게 배운 대로 사업을 성공시켰기 때문에 나름 자부심도 있었다.

이만하면 성공한 인생이라고 스스로를 생각하고 있을 때 IMF를 맞이했다. 사업은 손을 댈 수도 없을 정도로 순식간에 힘들어졌고, 지금까지 쌓아왔던 것들이 한순간에 무너져 버렸다. 그 당시 목사님에게는 돈이 곧 자존감이었기에 어떻게든 순간을 모면하여 자존감을 지키려 했다. 그러다 보니 자신의 본질처럼 지켜왔던 정직과 성실함은 거짓말과 불성실로 변하기 시작했고, 이로 인해 사람들에게 쓰레기 취급까지 받게 되었다. 자살까지 시도할 정도로 모든 것에 의미를 잃어가던 순간, 어떤 기대도 없이 참석한 예배에서 하나님을 만나게 되었고, 하나님을 더 알고 싶어져 신학교를 다니게 되었다.

신학교를 졸업하고 작은 교회에서 사역을 시작했다. 그 당시는 지역사회 교회 사역이 자신의 소명인 줄 알았다. 하지만 하나님은 그의 생각과 다르게 위기 청소년들을 자꾸 만나게 하셨다. 몇 명의 위기 청소년들과 교제할 때만 하더라도 목사님은 지역사회 사역의 작은 일부로만 생각했지, 자신이 해야 하는 일이라고 생각하지 않았다. 그렇게 하루하루 청소년들과 시간을 보내다 보니, 어느새 위기 청소년 사역은 자신의 소명이라는 확신을 가지게 되었다. 확신을 가질 뿐만 아니라, 자신의 인생 전체가 이 소명을 위해 준비되었음을 이해하게 되었다.

목사님은 어려서부터 가난 때문에 분노로 가득 차 있었고, 지금 문제 청소년이라고 불리는 청소년의 모습으로 학창 시절을 보냈다. 음주, 흡연, 범죄, 소외되고 분노로 가득찬 삶…. 위기 청소년의 삶은 그가 가장 잘 이해할 수 있는 부분들이었다. 심지어 하나님은 구치소의 경험까지도 사용하시어 감옥에 있는 청소년들과 가장 말이 잘 통하는 사람으로 목사님을 만들어 주셨다. 그렇게 목사님은 위기 청소년들이 문제가 있는 아이들이 아닌, 아픈 아이들이라는 것을 가장 잘 이해할 수 있는 사람으로 준비되었다. 또한 누군가가 자신을 믿어 줄 때 어떤 변화가 일어나는지 몸소 경험했기에, 자신도 아픈 아이들에게 그런 사람이 되어 줄 수 있었다.

이제 목사님은 하나님이 자신의 소명을 위해 매 순간을 최적화된 상태로 준비시켜 주셨다고 고백한다.

"소명은 인생의 매일의 과정 속에 이미 세심하게 설계되어 있다. 사람들이 집요하게 묻는다. 아이들에게 어떻게 다가가는지, 아이들의 가능성을 어떻게 발견하는지…. 청소년학을 전공하지는 않았지만 하나님은 이미 나의 인생 속에서 많은 것을 경험하게 하셨다. 하나님이 특별한 목적을 가지고 우리를 이 땅에 부르셨다면, 그 일을 이루기 위한 준비를 언제부터 하실까? 태어나서부터 지금까지 모든 과정 속에서 다 하신다. 인생을 추적해 보면, 앞으로 살아갈 삶을 위해 준비된 것들이 있다. 매일의 일상 속에 비전이 있다. 매일이 나의 삶의 전부다. 그러기에 오늘 내게 만나게 하신 사람과 주어진 일에 최선을 다하는 것이다. 내가 어디를 가고 있는지 모를 때가 있다. 하지만 신앙은 갈 바를 알지 못하고 가는 것이다. 마스터 플랜을 보고 따라가는 게 아니라 하나님을 보며 하나님과 동행하며 가는 것이고, 이것은 결국 하나님의 사랑과 전능하심을 믿는 것과 동일하다."

본인의 과거를 하나님의 관점으로 다시 바라보게 된 또 다른 청년의 예시가 있다.

"교회에서 정말 열심히 일했어요. 교회 사역자, 직원 아니냐는 소리를 들을 정도로 교회에서 살았지요. 해외 선교도 열심히 다녔어요. 하지만 교회 봉사는 사회에서 알아주지 않았고, 제겐 세상이 인정해 줄 만한 그럴 듯한 스펙 한 줄 없더라고요. 차라리 그 시간에 토익을 공부하고, 공모전을 나갔다면 인생이 달라졌을까 생각하니 교회 봉사에 쏟았던 시간과 노력, 그리고 그런 삶을 살아온 제 자신이 무가치하게 느껴졌어요. 취업 준비 기간이 1년 가까이 되면서 하나님께 많이 따졌어요. 백수라는 이 시간이 언제 끝날지 모른다는 극도의 공포와 두려움이 저를 사로잡았고 차라리 죽여달라는 기도까지 했어요. 너무 절망적이었어요."

이렇게 하소연하던 청년은 한 회사에서 일을 하게 되면서 본인의 과거가 달리 보이게 되었다고 말했다.

"세상에서 하나도 쓸모없을 것이라고 단정 지었던 교회 봉사 경험이 회사 업무 곳곳에서 쓰이더라고요. 교회 수련회 갈 때마다 짐을 싸왔던 경험, 양육 훈련을 받고 다른 청년을 양육했던 경험, 교회에서 진행하는 여러 행사들을 기획하고 운영했던 경험 등 세상의 기준으로 보면 보잘것없고 하찮게 여겨졌던 아주 작은 경험이라도 하나님은 기꺼이 사용하신다는 걸 깨닫게 되었어요. 하나님의 눈으로 보니 제 과거에 쓸모없는 경험은 없었어요."

현재 회사에서 이 청년은 교회에서 훈련된 태도와 행사 기획력, 행사 진행 능력을 인정받으며 일하고 있다. 완벽하신 하나님께서 미리 알고 준비해 주신 듯, 교회에서 쌓아온 모든 역량을 하나도 빠짐없이 발휘하고 있는 것이다.

지금 우리가 어떻게 준비되고 있는지 완전하게 깨닫지 못할 수도 있다. 나의 과거와 현재가 어떤 부분을 위해 준비된 것인지 알기 어려울 수도 있다. 위의 사례에서 알 수 있듯이 우리에게 마스터 플랜이 주어지지는 않기 때문이다. 그러나 우리에게는 마스터 플랜보다 더 완전하고, 이미 모든 길을 아시며, 설사 내가 길을 잘못 들었더라도 바른 길로 인도해 주실 수 있는 로드마스터 하나님께서 매 순간 동행하신다. 그러기에 삶 속의 사건들을 바라볼 때 하나님의 인도하심을 인정하고, 그 의미를 찾으려고 노력하는 것이 중요하다. 하나님이 나의 과거, 현재, 미래까지 한 치의 오차없이 이끄신다는 믿음을 바탕으로 우리의 경험들을 재해석할 필요가 있다. 하나님은 우리의 인지 여부와 상관없이, 이 세상을 회복시키기 위한 하나님의 동역자로 우리를 훈련시키고 계시기 때문이다.

그 훈련들은 매 순간 주어지는 작은 일, 내 주변의 이웃을 통해 일어난다. 어찌 보면 소명과는 멀어 보이는 이런 일들을 통해 하나님은 우리를 소명의 자리로 이끄신다. 그러기에 우리가 해야 할 것은, 우리가 알지 못할지라도 소명의 자리로 반드시 이끄시는 하나님의 손길을 신뢰하며 작은 일에 충성하는 것이다. 그러면 언젠가 우리도 "잘하였도다, 착하고 충성된 종아! 네가 적은 일에 충성하였으매 내가 많은 것으로 네게 맡기리니 네 주인의 즐거움에 참여할지어다"라고 칭찬받으며 소명의 자리에서 하나님의 통치자의 역할을 하는 날이 올 것이다. 그리고 스스로 생각하기에 쓸데없다고 생각했던 나의 경험들, 별 볼일 없는 나의 능력들을 하나님은 소명의 자리에서 완벽하게 필요한 은사로 변화시켜 주실 것이다.

4단계: 회복이 필요한 곳은 내 주변에 존재한다

나의 과거를 되돌아보았는가? 하나님이 준비시켜 주신 나의 은사를 확인하였는가? 그럼 이제 그 은사를 어디에 사용할지 살펴보아야 한다. 이미 여러 번 반복해서 이야기한 것처럼, 하나님이 우리를 소명으로 부르신 이유는, 세상을 회복하기 위해서이고 이웃을 섬기기 위해서이다. 우리는 우리에게 맡겨진 회복의 영역(긍휼의 영역)을 찾아야 한다.

이렇게 회복의 영역, 긍휼의 영역을 말하면 대부분의 청년들은 기독교 전임 사역이나 봉사, 구호단체 등 흔히 말하는 선한 영역만을 한정 지어 생각한다. 앞에서 언급했듯이, 회복이란 에덴 동산 초기 원형으로 돌아가는 것을 말한다. 그렇다면 회복이 필요하지 않은 영역이 없다. 사실 세상의 모든 곳이 에덴 동산의 원형으로 돌아가야 하기에, 모든 부분에 회복이 필요하고 모든 부분이 긍휼함의 영역이다.

신앙의 선배 A씨는 CSO(Chief Sustainability Officer, 최고지속가능성책임자)라는 다소 생소한 직무를 맡고 있다. CSO는 최고경영자(CEO)와 함께 최고재무책임자(CFO), 최고기술책임자(CFO)처럼 경영진 단위에서 지속가능성을 책임지는 자리다. 그는 대학교에서 경영학을 전공하면서 비즈니스 영역이 회복이 필요한 영역이라는 것을 확신하고, 그 당시에는 주목도가 매우 낮았던 기업의 환경과 관련한 기업의 사회적 책임(CSR, Corporate Social Responsibility)을 환경 대학원에서 공부했다. 대학원 진학 당시만 하더라도 환경에 대한 기업들의 관심이 거의 전무한 상태였지만, 졸업 즈음에는 중요성이 부각되기 시작했다. 연구소에서 첫 직장생활을 시작한 그는 한국의 대기업 산하 연구소에서 최초의 CSR 전담 연구원으로 일할 수 있었다.

그에게는 비즈니스 영역이 회복이 필요한 영역이었던 것이다.

현재 소셜벤처에서 유통 MD로 일하는 한 청년은 어려서부터 사람들이 소비하는 방식에 대해 관심이 많았다. 처음에는 국내 유통 대기업에서 사회생활을 시작했지만, 이 영역에도 회복과 가치의 전달이 필요하다는 것을 인지하고 소셜벤처로 이직했다. 소비 분야에서 자신의 회복의 영역을 발견한 것이다.

이처럼 비즈니스, 소비 등 모든 영역이 회복의 영역이 될 수 있다. 예시에서 언급한 CSO 선배는 이렇게 이야기한다. "보이는 것이 다 소명이다." 생각보다 우리는 모두 다르다. 하나님이 우리를 태초에 다른 모습으로 부르셨기 때문이다. 같은 것을 보아도 보이는 것이 다 다르다. 그러기에 나의 눈길이 가는 곳이 나의 소명일 가능성이 크다. 내가 숨기려고 해도 숨길 수 없는 나의 관심 영역은 무엇인가? 내가 시간과 자원을 가장 많이 사용하고 있는 곳은 어디인가?

여기 좀 더 극적으로 자신의 회복의 영역을 찾은 사례가 있다.

국내 기독교 대학의 경영학과 학생이었던 L대표는 공동체 생활을 충실히 하면서도, 전공에서도 세상이 인정하는 스펙을 가졌다고 자부하고 있었다. 그는 졸업을 앞두고 홍콩에서 진행한 아시아 대학생 창업 교류전 대회에 참여하게 되었는데, 이 대회에서 자신의 소명에 대해 다시 생각하게 될 사건을 경험하였다. 5개국 대학생들끼리 모여 꿈에 대해 이야기를 하고 있을 때였다. 한국에서 온 친구들은 '어떤 아이템으로 사업을 할 수 있을까'에만 초점이 맞춰져 있었던 반면, 대회에 참석한 해외팀들은 대부분 '어떤 사회 문제를 해결할 수 있을까'를 고민하고 있었다. 특히 한 북경대 학생은 자신은 세상을 변화시킬 꿈이 있다면서, 1억 명이 넘는 기아 상태에 있는 사람들의 현실을 개선하기 위해, 북경대를 졸업하면 시골에 내려가 가난한 사람들을 잘 살게 해주는 사업을 하고 싶다고 이야기했다. 그 당시 돈을 많이 벌어서 한국의 빌 게이츠가 되고 싶었던 L대표는 대회 결과를 떠나서 크리스천으로서 많이 부끄러웠다. 어떤 아이템이 시장에서 잘 팔릴 수 있을지만 고민하던 자신의 모습이 비크리스천이었지만 세상의 필요와 문제를 고민하던 해외팀과 비교되었기 때문이다.

　대회를 마치고 비행기를 탄 L대표는 한국으로 돌아오는 내내 고민에 휩싸였다. 그때 이런 질문을 하나님께 물어보았다. "나는 앞으로 무슨 일을 해야 하고, 어떤 가치관으로 살아야 합니까? 하나님이 나를 만드신 이유는 무엇입니까?" 공항에서 학교 기숙사로 이동하면서 답을 달라고 기도하기 시작했고, 그때 마태복음 25장 40절 말씀이 떠올랐다. "너희가 여기 내 형제 중에 지극히 작은 자

하나에게 한 것이 곧 내게 한 것이니라."

L대표는 그다음 날 바로 자신이 도와야 할 지극히 작은 자를 찾기 시작했다. 주변에도 물었고 무작정 동사무소에 찾아가 묻기도 했다. 그렇게 얻은 복지관 리스트를 들고 직접 찾아다니며 사람들을 만났다. 그 과정에서 계속 만나고 싶어진 사람들이 있었는데, 바로 장애인이었다. 평상시에는 일반인과 동일하며 약을 복용하면 조절이 가능한 병임에도 불구하고 취업이 거의 불가능했고, 그러다 보니 가정을 이루기가 어려웠다. 한 달 두 달 그들과 함께 시간을 보내면서 이들과 함께 일할 수 있는 회사를 만들어야겠다는 생각이 들었다. 현재 L대표는 장애인과 함께 일하는 회사를 세워 운영하고 있고, 장애인 직원 중 한 명은 결혼을 해서 가정을 이루었다. L대표는 내가 섬길 수 있는 작은 자에서 시작된 소명으로 세상에서 작은 천국을 만들어 나가고 있다.

감정적으로 누군가를 잠시 불쌍하게 여기고 도움을 주겠다는 생각을 가질 수는 있다. 그러나 누군가를 지속적으로 사랑하고 함께한다는 것은 참 어려운 일이다. L대표의 경우는 스스로 회복의 영역을 찾아 나서 자신이 그 영역을 발견한 것처럼 보일 수도 있지만, 사실 하나님이 그 마음을 부어 주시지 않으면 이기적인 우리는 누군가를 끝까지 사랑할 수 없다. 우리가 특정 대상과 영역에 지속적으로 관심을 가지고 그 대상의 회복을 위해 나의 시간과 자원을 사용한다면, 그것은 인도적 차원에서 가질 수 있는 마음 그 이상일 것이다. 그것은 하나님이 우리에게 주신 소명이 분명하다.

소명을 이해하기 위해 가져야 할 태도

소명을 깊게 이해하고 소명의 자리로 나아가고 있는 사람들은 다음과 같은 공통적 태도를 보인다.

의문을 가지고 질문하기 시작한다

'나는 이대로도 괜찮은가?' '나는 하나님이 원하시는 모습으로 살아가고 있는가?' 이런 질문들로부터 소명의 여정이 시작된다. 소명의 자리로 이끌어 주시는 분은 하나님이지만, 그 첫걸음을 내딛는 것은 반드시 나로부터 시작되어야 하고 누구도 대신할 수 없다. 오스 기니스는 「소명」에서 레오나르도 다빈치의 개인적 추구의 실패에 대해 언급하면서 다음과 같이 말한다.

> 레오나르도 다빈치의 장엄한 실패에서 우리는 소명의 경이로움으로 가

는 매우 개인적인 출발을 보게 된다. 어떤 추구를 충족시키기 위해서 인간적인 추구 이상의 것이 필요할 때, 그때 소명은 추구자 자신이 추적당한다는 것을 의미한다.

우리가 각자의 소명을 추구할 때 하나님의 은혜로 소명을 더 깊이 이해할 수 있다는 의미다. 우리가 하나님께 소명에 대한 질문을 가지고 나아가면, 하나님이 우리에게 그 은혜를 허락하시고 문을 열어 주신다는 것이다. 그러면서 다음과 같이 결론을 맺는다.

> 마가복음에서 예수님이 바디매오에게 주신 말씀, 곧 예수님께 고쳐 달라고 절박하게 구했던 맹인 거지에게 하신 말씀은 진정으로 추구하는 모든 이에게 주시는 하나님의 격려다. "안심하라. 그가 너를 부르신다."

질문하는 자(구하는 자)만이 답을 찾을 수 있다. 심지어 그 질문이 틀린 질문이어도 괜찮다. 다만 누구에게 질문하는가는 중요하다. 바디매오는 자신을 고쳐 달라는 인간적인 요청을 드렸지만, 하나님은 친히 이렇게 답해 주셨다. "안심하라. 그가 너를 부르신다. 너에게도 소명이 있다."

우리의 의문들을 하나님과 하나님의 사람들에게 질문해야 한다. 엉뚱한 곳에서 답을 구하면 엉뚱한 답이 올 수밖에 없다. 그 질문의 답은 우리의 평범한 신앙생활 속에서 하나님의 세미한 음성으로 찾아올 뿐만 아니라, 우리가 속한 신앙의 공동체 안에서 하나님의 사람들을 통해 얻을 수도 있다. 하나님과 하나님의 사람들을 가까이하고 질문하라. 나는 어떤 일을 잘하고, 무슨 일을 할 때 즐거워하며, 또 그렇게 빛나는지 끊임없이 질문하고 듣다 보면 그 실마리를 찾을 수 있을 것이다.

정직하게 나와 직면한다

청년들을 만나다 보면 생각보다 자기 자신에 대해 모르거나 자기방어로 점철되어 있는 경우가 많다. "저는 탈북민 문제에 관심이 많아요. 탈북민 문제를 해결하는 것이 저의 소명인 것 같아요." 하지만 정작 탈북민을 만나 보았냐고 물어보면, 아직 기회가 되지 않아 만나지는 못했지만 이 문제를 해결하기 위해 UN에 들어가려고 공부하고 있다며 자신의 원대한 꿈과 능력을 포장하고 방어한다. 그런 청년들을 보면 정말 탈북민에 관심이 있는지, 아니면 세상에서 인정해 주는 자리에서 성공하는 것을 자신의 소명으로 포장하려는 것은 아닌지 의심이 간다. 이렇게 스스로를 속이면 자신의 진짜 관심사나 은사를 알 수 없게 되며, 그로 인해 소명을 찾기 위한 올바른 출발점에서 더 멀어지게 된다.

나 자신을 객관적으로 판단하는 것은 생각보다 훨씬 높은 수준의 냉철함이 요구된다. 때로는 내가 하고 싶다고 생각한 것이라 하더라도 내 수준에서는 할 수 없다는 것을 인정해야 할 때도 있다. 지금까지 내가 좋아한다고 생각했던 것이 내가 진짜 관심 있어 하는 것이 아니고 주변의 분위기에 휩쓸렸거나 인정받기 위해서였다는 것을 시인해야 할 수도 있다. 환경을 탓하면서 할 수 없다고 생각했던 것이 사실은 실패할까 봐 두려워서 그랬다는 것을 인지하게 될 수도 있다.

이제는 정직하게 내가 처한 상황을 바라보고, 내 결단을 막고 있는 두려움, 욕심과 직면하자. 그동안 못 했어도 이제라도 하면 된다. 무엇이 되어야 한다는 세상의 외침에 속아 나를 포장하거나 방어하지 말자. 하나님이 우리에게 요구하시는 소명은 그런 것이 아니다. 이루시는 분은 하나님이시며 우리는 거기에 동참하는 것이기에 우리는 우리의 모습 그대로 나아가면 된다. 이때 우리에게 필요한 것은 정직하게 자신과 직면하는 용기다.

작은 일이라도 당장 실행한다

심센터에서 진행하는 비전클래스에 참석한 청년들에게 관심 있는 회복의 영역이나 대상에 대해 질문하면, 대부분 자신이 생각하는 특정 대상에 대한 안타까운 감정을 이야기한다. 그러면 나는 하나의 과제를 꼭 내주는데, 그 영역을 위해 작은 일이라도 다음 주까지 실행해 보라는 것이다. 그 실천이 꼭 대단할 필요가 없다는 것을 강조하면서 최소한 기도라도 해보길 권한다.

그다음 주에 과제를 확인해 보면 채 30%가 안 되는 청년들만 과제를 실행한다. 그러면 또다시 같은 과제를 반복해서 요청한다. 그리고 그다음 주에 다시 물어보면, 1주차에 실행하지 않은 친구들은 거의 100% 실행하지 않고, 실행했던 청년들 중에서도 반도 안 되는 숫자만이 실제로 실행한다.

이들이 안타까운 감정이 없는데도 거짓말을 했다든가, 게으르다든가 이런 이야기를 하는 게 아니다. 일단, 회복의 영역은 안타까운 감정만으로 확정 지을 수 없다. 위에서도 설명했듯이 하나님이 부어 주시는 마음 없이는 누군가를 끝까지 책임지고 사랑하는 것이 불가능하기 때문이다. 감정만으로는 나의 시간, 관심, 자원을 지속적으로 투입하기 어렵다. 다시 설명하면, 작은 일이라도 어떤 영역을 위해 지속적으로 할 수 있다면 그것이 내 소명의 영역일 가능성이 높다는 이야기다. 그러기에 작은 일이라도 당장 해보고 얼마나 지속해서 할 수 있는지 확인하는 것이 중요하다. 하지만 대부분의 청년들은 회복의 영역을 감정적으로만 확인하고 준비하는 일에만 시간을 허비한 채 실제로 실행하는 시기를 뒤로 미룬다. 미루고 미뤄 그날이 왔을 때 '이 영역이 아니구나' 후회하지 말고 당장 작은 일이라도 내가 지속해서 할 수 있는지 실행해 보자.

나의 소명을 확인받는 방법

"소명을 이해했다고 생각했는데 이게 진짜 제 소명이 맞을까요?" "소명인데 왜 자꾸 일이 안 풀리죠? 소명이 아닌가요?" "소명이라고 생각하고 회사에 들어왔는데 회사 다니기가 너무 힘들어요."

소명을 이해했다고 생각해도 이게 참 확실하다고 누가 도장을 찍어 주는 것도 아니고 상황에 따라 흔들리기가 일쑤다. 하나님은 왜 우리에게 "너의 소명은 이거다"라고 말씀해 주시지 않는 것일까? 그건 소명이 한 번 달성하면 끝나는 어떤 목표라기보다는, 회복을 이루는 과정과 그 과정 가운데 우리가 가지는 태도에 더 가깝기 때문일 것이다.

팀 켈러의 「일과 영성」에는 이런 이야기가 나온다.

J.R.R. 톨킨은 그의 대작 「반지의 제왕」 집필에 몰두하던 중, 그

책을 완벽하게 마무리할 수 없을 것 같은 생각에 방황하게 된다. 세상에서 보지 못했던 이야기를 써야겠다는 비전을 갖고 있었지만 중간에 길을 잃어버린 것이다. 그러던 어느 날 짤막한 이야기가 떠올라 「니글의 이파리」라는 한 화가에 대한 짧은 단편소설을 쓰게 되었다.

화가의 이름은 니글(쓸데없이 시시콜콜 사소한 일에 시간을 낭비한다는 뜻)이었는데, 니글에게는 죽기 전에 꼭 그리고 싶은 그림이 있었다. 이파리 하나에서 시작해서 나무 한 그루의 모습뿐만 아니라 나무 뒤쪽으로 펼쳐진 멋진 세계까지 완성하고 싶었다. 니글은 머릿속의 이미지를 그려내기 위해 사다리를 타고 올라가야 할 만큼 커다란 캔버스를 준비하였다. 하지만 좀처럼 전체 그림의 윤곽이 드러나지 않았는데 그 이유는 두가지다. 우선 나무보다 이파리에 혼신을 다해 시간을 사용했기 때문이고, 둘째는 이웃들이 부탁하는 일을 들어주느라 시간을 온전히 사용하지 못했기 때문이다. 어느 날 밤 니글에게 죽음이 찾아왔고 그는 엉엉 울며 이렇게 말했다고 한다. "아직 완성하지 못했단 말이에요!"

세상을 떠난 니글은 하늘나라로 한참을 달려가는데 두 가지 음성이 들렸다. 하나는 평생 이뤄 놓은 일이 거의 없다면서 꾸짖는 음성이었다. 하지만 또 다른 쪽에서는 니글이 한 일을 잘 알고 있다며 남을 위해 희생했던 그의 수고를 칭찬하는 음성이 들렸다. 마침내 니글이 하늘나라에 다다랐을 무렵, 그가 늘 꿈꿔 온 커다란 나무가 완성된 모습으로 서 있었다. 그는 천천히 팔을 들어 말했다. "이건 선물이야!"

그렇다. 소명은 하나님이 주신 선물이다. 그리고 그 소명을 분명하게 다 아는 것은 불가능하다. 오직 유일한 청중이신 하나님만이 나의 소명을 분명하게 아신다. 그러기에 소명의 한 줄기 빛을 붙잡고 늘 하나님 앞에서 일하듯 이웃과 함께 살아내면, 마지막 날 하나님이 원래 모습 부르셨던 소명의 모습으로 회복될 것이다. 하나님은 우리가 이룬 것이 아니라, 소명의 자리로 나아가는 과정과 그 안에서 노력하는 나의 선한 수고만을 보시기 때문이다.

우리는 소명의 과정을 살아가고 있기 때문에 소명을 단번에 기적적으로 발견할 수 없고 계속해서 깨닫게 된다. 그러기에 "언제 소명이 깨달아지셨어요?" 혹은 "어떻게 확인하세요?"라는 질문을 받을 때마다 내가 할 수 있는 답변은 이것밖에 없다.

"소명은 계속 깨달아지고 있어요. 이 영역이 제 지경이고, 이 방향이 가는 길인 것은 알지만, 세밀하게 말씀하시는 그 길들은 매년 매월 매일 깨달아집니다."

내가 이 영역에 들어왔을 때, 소셜벤처를 키우는 일이 나의 일이라고 곧바로 생각했던 것은 아니다. 사회공헌 컨설턴트가 되어서 대기업을 선하게 움직이는 일이 내가 해야 할 일인 줄 알았다. 그러나 홀러홀러 신실하신 주님은 소셜벤처 엑셀러레이터가 나에게 준비된 일이라는 것을 또다시 고백하게 하셨다. 크게 볼 때 영역은 바뀌지 않았다. 그러나 더 세밀하게 내가 해야 할 일이 주어졌고 그 안에서 하나님을 경험하게 되었다. 놀랍게도 하나님의 계획은 틀림이 없다. 그래서 나는 이 영역이 내가 부르심 받고 보내심 받은 영역이라고 확신한다.

이런 확신을 거듭하게 되면서 우리는 소명에 대해 깊이 이해하게 된다. 소명의 자리를 살아내고 있는 사람들은 소명에 확신이 생긴 후에 나타난 가장 큰 변화에 대해 공통적으로 다음과 같이 말한다.

"결과에 일희비희하지 않고 실패에 대해 관대해졌으며 두려움이 사라졌습니다." "상황이 변한 것은 아닌데 계속 감사하게 되고 삶에 만족하게 됩니다." "제가 가지고 있는 작은 경험과 은사가 사용되었습니다. 나의 계획과 다르지만 완전하신 하나님을 경험했습니다."

직장생활과 청년사역을 병행하면서 국내 굴지의 제약회사의 화장품 연구소를 맡고 있는 한 간사는 소명을 확신한 뒤 다음과 같이 고백했다.

"세상의 기준에 크게 마음을 두지 않게 되니 두려움이 사라졌습니다. 좋은 것이 좋은 것이 아니고, 옳은 것이 좋은 것임을 믿습니다. 그리고 엄청난 에너지가 제 내부로 주입됨을 경험하고 있습니다."

소명을 확신한 이들은 자신들이 세상 속에 살고 있기는 하지만, 세상에 속한 것이 아니라 하나님의 백성임을 분명히 안다. 세상의 실패에 흔들리지 않고 세상의 기준으로 만족을 판단하지 않기에 하나님이 주신 모든 것에 만족하게 된다. 또한 세상의 가치관으로 보기에 작고 나약한 은사라 하더라도 하나님이 사용하시기만 하면 그 어떤 것보다 강력하게 사용됨을 경험한다.

이런 모습들이 당신에게도 보이기 시작했다면, 소명을 이해하는 과정이 시작되었다는 것을 확신하고 더 이상 불안해하지 않아도 된다. 소명을 이해하기 시작하고 그 삶을 살아가리라 결단만 하면, 하나님은 당신을 여러 가지 상황과 주위 사람들을 통해 강권하여 소명의 자리로 이끄실 것이다. 그리고 당신이 이해할 수 있는 때가 되면 좀 더 명확하게 소명을 보여 주실 것이다.

더 깊이 생각해 보기

소명은 하나님이 부르신 나의 모습이기에, 발견하기 위해 찾아나서는 것이 아니라 나의 전체 삶을 통해서 점점 더 깊이 이해되는 것이다. 그러기에 한 번 발견하면 끝나는 것이 아니라 하나님과의 관계를 통해서 계속해서 이해의 정도가 깊어지는 것이다.

소명을 더 잘 이해하기 위해서는 먼저 하나님이 나에게 가장 적합한 것을 주셨다는 것을 신뢰하고(1단계), 신뢰를 바탕으로 세상의 어떤 기준도 우선될 수 없고 하나님의 가치관으로 살겠다는 결단을 해야 한다(2단계). 그렇게 결단하면 나의 과거, 현재 그리고 은사를 재해석할 수 있는 새로운 관점을 발견하게 된다(3단계). 그렇게 발견된 나의 모습은 하나님이 소명을 위해 준비시켜 주신 나의 달란트다. 그러면 이 달란트를 어디에 잘 사용할 수 있을까? 이 또한 하나님이 내 주변에 이미 준비시켜 주신다. 나의 달란트를 사용하여 회복할 수 있는 곳은 내 주변에 존재한다(4단계). 다음의 단계별 질문을 통해 나의 소명에 더 가까이 나아가 보자.

단계	질문
1단계 나에게 가장 적합한 소명이라는 신뢰	• 하나님은 나를 왜 만드셨을까요? • 내가 특별한 존재라는 것을 확신하나요? • 내가 금그릇이 아니라 질그릇일지라도, 이것이 나에게 가장 적합하기에 허락하셨다는 것을 인정할 수 있나요?
2단계 하나님의 가치관으로 살아가겠다는 결단	• 솔직하게 내가 가장 중요하게 생각하는 것은 무엇인가요? • 위에서 대답한 것을 하나님도 중요하게 생각하시나요? • 지금 당장 하나님의 부르심에 응답하고 하나님의 가치관에 따라 나의 세상적 욕심을 포기하기로 결단하였나요?
3단계 나의 과거, 현재, 은사의 재해석	• 하나님이 나의 삶에 숨겨 놓으신 소명을 위한 복선이라고 생각되는 과거 경험이나 환경, 은사 등이 있나요? • 나의 과거, 현재, 은사가 내가 하고 싶은 것과 일치되나요?
4단계 회복의 영역	• 나의 은사를 사용하여 회복할 수 있는 영역에는 어떤 곳이 있나요? • 나의 눈길이 지속적으로 가는 숨길 수 없는 나의 관심 영역은 어디인가요? • 위에서 대답한 영역이 나의 시간과 자원을 가장 많이 사용하고 있는 곳과 일치하나요? • 그 영역을 위해 작은 일이라도 당장 해볼 수 있는 것은 무엇인가요?

회복의 영역(긍휼의 영역) 한눈에 살펴보기

모든 영역에, 모든 사람에게 회복이 필요하다. 그 어느 곳도 예수님의 눈길이 가지 않는 곳은 없으며, 하나님이 창조하신 아름다운 모습으로 회복되어야 한다. 구체적인 대상, 영역으로 한정 짓지 않아도 되지만 구체화해서 생각해 보는 것이 자신의 긍휼의 영역을 이해하는 데 도움이 될 것이다. 이해를 돕기 위해 몇 가지 주제와 예시를 보여 주고자 한다.

#장애인

장애인은 사회적 편견과 차별로 인하여 사회의 한 일원으로 살기가 쉽지 않다. 하나님이 창조하신 태초의 세상은 모든 동·식물이 조화롭게 각자의 역할을 하면서 살아가는 세상이었다. 장애인을 향한 긍휼의 마음은 모든 피조물이 조화롭게 살았던 태초의 모습이 이 땅에도 임하기를 소망하며 함께 살아가는 세상으로의 회복을 꿈꾸는 것이다.

- 예) 장애인들이 교육을 통해 전문성을 키우고 비장애인과 소통하면서 자립할 수 있는 카페를 운영하고 있다.
- 예) 엔지니어로서 갖고 있는 기술력을 접목하여 시각장애인 스스로 익힐 수 있고, 점자를 모르는 부모나 선생님도 가르칠 수 있는 점자 교육 기기를 개발함으로써, 많은 사람이 좀 더 쉽게 점자를 배울 수 있는 기회를 만들고 있다.

#탈북민

남북관계가 긍정적으로 이어지고 있고 통일을 준비하는 사회에 살고 있으나, 여전히 탈북민에 대한 시각은 왜곡되어 있는 상황이다. 탈북민 각자의 달란트와 능력을 잘 발휘할 수 있도록 돕고, 이들이 새로운 사회에 잘 적응할 수 있도록 함께하는 자세가 곧 강도 만난 이웃의 마음이 아닐까 한다.
- 예) 남북한 구별 없이 하나 된 사회가 될 수 있도록 통일과 탈북민에 대한 인식개선 메시지를 담은 디자인 제품을 만들고 있다.
- 예) 한 달에 한 번씩 북한 음식으로 만든 도시락을 나눔으로 하나님의 사랑을 전달하고, 탈북민들과 남한 청년들이 함께 어울릴 수 있는 문화프로그램을 기획하여 북한에 대한 인식개선에 힘쓰고 있다.

#환경

전 세계적으로 환경이 파괴되어 가고 있고, 이로 인해 동·식물뿐 아니라 인간의 삶도 어려워지고 있다. 환경을 긍휼히 여긴다는 것은 하나님이 만드신 창조세계가 파괴되는 것에 대해 안타까워하며, 이 땅에서 살아가는 동·식물과 사람의 회복을 꿈꾸는 것이다.
- 예) 미세 플라스틱 문제가 동·식물의 삶을 위협하고 있는 상황에서 AI 기술을 적용하여 자원이 순환되고 재활용될 수 있도록 하는 벤처회사를 운영하고 있다.
- 예) 게임 속 나무를 키우면 실제 나무가 심어질 수 있는 게임을 만들어 사막화 지역에 나무를 심고, 다양한 캠페인을 통해 나무심기운동을 확산하고 있다.

#청소년

요즘 청소년들은 비교와 경쟁, 폭력이나 따돌림 등으로 인해 외적으로나 내적으로 상처받아 건강한 자아상을 형성하기 어렵다. 청소년을 긍휼히 여기는 것은 하나님의 사랑으로 그들의 상처를 어루만져 주고 하나님의 자녀로서 정체성을 회복할 수 있도록 돕는 것이다.

- 예) 가정과 학교, 사회로부터 소외되고 상처받은 위기 청소년들의 상처를 위로하고 그들이 건강한 정체성을 가지고 정서적 안정감을 누릴 수 있도록 공동체를 지원하는 사회적 기업을 운영하고 있다.
- 예) 꿈이 없고 경제적으로 어려운 환경에 있는 청소년들이 쉽게 흥미를 가질 수 있는 패션직업교육을 통해 진로 고민을 시작할 수 있도록 돕고 있다.

#비즈니스

자본주의 시대에는 이익 창출이 최우선 가치가 되면서 탐욕이 발생하고 있다. 하나님이 우리에게 허락하신 노동과 비즈니스가 왜곡되는 것이다. 비즈니스 영역의 회복을 꿈꾸는 것은 그 영역에서도 하나님의 통치가 경험되도록 하고, 함께 일하는 사람들에게 위로를 전하는 것이다.

- 예) 기업이 지속가능하고 책임 있는 방식으로 운영되도록 자문하며 돕고 있는 일 (Chief Sustainability Officer)을 하고 있다.
- 예) 하나님의 말씀(p31)을 기반으로 '어려운 이웃을 존재한다'라는 가치관을 바탕으로 한 건축회사를 운영하고 있다.
- 예) 조직원 간의 이해와 신뢰를 높이고, 조직원들이 즐겁고 지속적으로 일할 수 있는 건강한 조직문화가 형성될 수 있도록 커뮤니케이션 교육을 진행하고 있다.

#청년

요즘 청년들은 취업, 이직, 연애, 결혼 등에 있어 고민이 많은 시기를 지나고 있으며, 또한 미래에 대한 소망을 갖기 어려운 시대 속에 살아가고 있다. 청년들이 소명의 자리로 나아와 하나님의 관점으로 세상을 살아갈 수 있도록 지지하고 함께하는 노력이 긍휼의 마음일 것이다.

- 예) 지지 체계 없이 고아원에서 성장한 청년들에게 직업 교육을 제공함으로써, 그

들이 일을 시작하고 일터에서 공동체를 만들어 갈 수 있도록 돕고 있다.

예) 뮤지컬 교육을 통해 청년들이 기독교적 세계관을 확립하고 자존감을 회복하도록 돕고 있다.

#건축

사람을 최우선 가치로 삼아 건물을 이용하는 사람들의 필요를 반영하고, 지역사회를 회복시킬 수 있는 건물을 설계하여 건축하는 것을 말한다. 건축하거나 지역사회를 개발하는 일을 할 때 하나님의 관점에서 우리의 이웃을 섬기고자 하는 마음으로 일할 수 있다.

예) 주차빌딩에 밝은 디자인과 조명을 적용하고 설계하여 미적 아름다움을 높이고 범죄율 개선에 도움을 주고 있다.

예) 건물을 설계할 때부터 곳곳에 기부할 수 있는 장치를 마련해 건물을 이용하는 사람들이 기부에 동참할 수 있도록 독려하고 있다.

#마케팅, 브랜딩, 디자인

자본주의, 물질만능주의 사회에서는 소비를 부추기고 자극적인 메시지를 전달하는 광고와 브랜드가 범람한다. 이 영역을 위한 긍휼의 마음은 마케팅과 디자인을 통해 건강한 가치를 전달하는 것과 이 세상을 하나님이 기뻐하시는 모습으로 회복시키기 위한 노력을 포함한다.

예) 제품과 서비스의 가치를 정확히 전달하여 소비자가 가치 있는 소비를 할 수 있도록 기업과 기관의 브랜드 마케팅을 돕고 있다.

예) 하나님을 섬기는 마음으로 프로젝트에 임하고, 프로젝트의 성패보다 프로젝트에 연결된 사람들인 클라이언트, 함께하는 팀원들을 위해 기도하며 브랜드 디자인을 하고 있다.

#개발도상국

전 세계가 산업화되고 풍요를 누리고 있는 것처럼 보이지만 개발도상국의 사람들은 여전히 생활을 위한 기본적인 권리를 누리지 못하고 있다. 하나님이 창조하신 세상은 모든 창조물이 함께 기뻐하는 세상이었다. 하나님이 보시기 좋았던 세상의 회복을 꿈꾸며 개발도상국의 사람들을 먹이고, 입히고, 치료하는 사역에 동참할 수 있다.

- 예) 아프리카 및 저개발국의 현지 빈민 및 장애 여성들이 자립할 수 있도록 일자리를 만들어 주고, 그들이 지속적으로 더 편안한 환경에서 일할 수 있도록 지역에 재투자하는 공정무역을 진행하고 있다.
- 예) 아프리카 르완다의 취약계층 청년에게 안정적인 일자리와 교육서비스를 제공하여 그들이 스스로 자립할 수 있는 기회를 만들어 주고자 레스토랑을 운영하고 있다.
- 예) 드론을 활용한 데이터 플랫폼 개발로 지리정보나 복구가 필요한 제3국에 도움을 주고 있다.

#농업

농촌 지역이 고령화, 영세화되어 가면서 자금이나 농지가 충분하지 않은 소농가들은 판로를 개척하는 데 어려움을 겪고 있다. 식량사업은 우리의 생존을 위해서 가장 필수적인 사역이다. 영세농가를 살리고 이들의 생활을 지원하는 일은 바로 농업에 대한 긍휼한 마음에서 시작된다.

- 예) 시골에서 할머니들이 농사 지은 나물을 중간유통 없이 공정한 가격에 구입하여 건강한 밥상을 만드는 데 최선을 다하고 있다.
- 예) 소농가에서 생산한 농작물을 적정한 가격에 구매 및 유통하고, 상품가치가 떨어지는 일명 못난이 과일을 원재료로 음료를 만들어 소비자들에게 연결하고 있다.

#미디어(방송, 영화, 출판 등)

정보를 전달하는 미디어가 상업성과 연결되면서 자극적으로 변하고 있고, 그로 인해 세상의 가치관으로 물든 왜곡된 메시지들이 미디어를 통해 전달되고 있다. '성경'이 단순한 책이 아니라 사람을 살리는 생명력 있는 콘텐츠인 것처럼, 우리 시대의 미디어 역시 사람을 살리는 건강한 콘텐츠를 흘려보냄으로써 많은 사람이 건강한 문화를 향유할 수 있도록 도울 수 있다.

- 예) 영화의 메시지를 통해 사람들의 마음의 상처를 치유하고, 영화관람료가 소외된 이웃을 돕는 것으로 연결됨으로 영화가 사회를 변화시키는 새로운 방법이 되기를 바라며 영화를 제작하고 있다.
- 예) 생생한 이야기로 설득력을 높이는 방송 작가가 되어 우리가 잊지 말아야 할 기억, 사람, 역사 등에 생명력을 불어 넣는 방송 콘텐츠를 만들고 있다.
- 예) 소외되고 고통받는 이들의 이야기를 담은 책을 출판하고 있다.

#요식업

풍요가 넘치고 비만이 사회 문제로 인식되는 세상이지만, 지구 한편에서는 많은 사람이 굶주림으로 고통받고 있다. 이러한 식량분배의 문제와 기아는 우리 사회가 해결해야 하는 구조적인 사회 문제다. 긍휼한 마음을 가지고 이 영역에 동참하는 것은 우리를 먹이고 살리셨던 예수님의 마음을 품는 것이며, 이를 통해 사람들이 건강한 몸과 마음으로 회복되도록 도울 수 있다.

- 예) 베이커리를 운영하면서 주변의 이웃을 돕고 있으며, 아프리카 지역의 청년들과 연결하여 베이커리 기술을 전수해 주고 있다.

#교육

지식과 기술을 가르치며 인격을 길러 주는 교육의 기능이 퇴색되면서 대학의 교육은 취업을 위한 교육으로 변하고 있고, 교육 현장에서는 부모의 사회, 경제적 지위에 따라 교육 기회의 격차가 발생하고 있다. 교육 영역의 회복을 꿈꾸는 것은 교육을 받는 이들이 가정형편과 상관없이 공정한 기회 속에서 꿈을 키우고, 배움의 지식을 넓혀 가며, 하나님의 사람으로 성장할 수 있도록 돕는 것이다.

> 예) 소수자, 이민자, 이주노동자라는 배경 속에서 차별받고 공정한 교육의 기회를 박탈당한 이주 청소년들이 교육을 통해 꿈을 가지고 건강한 다음 세대로 성장할 수 있도록 대학생 멘토들을 육성하고 연결하고 있다.

#상담

깨어진 세상에서 살다 보면 크고 작은 내면의 상처를 받게 된다. 그러나 이런 내면의 상처는 눈에 보이지 않기 때문에 크게 관심을 갖지 않는 경우가 많다. 상담 영역을 긍휼이 여긴다는 것은, 보이지 않지만 각자의 생각과 삶에 영향을 주는 내적인 상처와 결핍을 하나님의 사랑으로 치유하도록 돕는 것이다. 또한 하나님이 창조하신 건강한 내면으로 회복할 수 있도록 상담을 모르거나 오해하고 있는 이들에게 상담을 소개하고, 경제적인 이유로 전문적인 상담을 받지 못하는 이들에게 상담을 제공하는 것이다.

> 예) 트라우마와 같은 상처를 받은 사람들에게 상담을 통해 하나님의 회복의 메시지를 전달하고 있다.

#투자

투자 생태계는 대부분 사업의 목적보다는 재무적 성과를 목적으로 이루어진다. 그러나 하나님은 선한 세상을 만들어 가기 위한 도구로써 돈과 투자가 사용되기를 원하신다. 이러한 투자 생태계를 바로잡기 위한 마음으로 이 영역에서 일하는 것은 하나님이 만드신 세상의 회복을 꿈꾸는 것이다.

예) 단지 재무적 성과만 보는 것이 아니라, 사회적 가치가 있거나 선한 의도를 지닌 기업에게 투자를 하고 이러한 변화를 만들어 내고자 한다.

CHAPTER 03

소명대로 살면 모든 일이 잘 풀릴까요?

우리가 살아가는 세상

아는 만큼 살아낼 수 있다

운명 같은 연인을 만나 달콤한 사랑에 빠져 결혼을 한다고 해서 함께 살아가는 것까지 마냥 쉬운 것은 아니다. 연애보다 결혼 생활이 훨씬 더 현실적이기 때문이다.

소명에 대해서 개념적으로 이해하고, 소명을 이해하는 지름길에 대해서 안다고 해도 소명대로 살아가는 것은 쉽지 않다. 소명의 삶은 부르심대로 이 세상을 살아가는 과정에 있기 때문이다. 팀 켈러는 「답이 되는 기독교」, 「하나님을 말하다」(이상 두란노) 두 권의 책에서 현대 사회의 기독교인이 어떠한 관점으로 세상을 바라보고 살아가야 하는지에 대해서 논증한다.

세속주의는 소위 합리성이라고 부르는 이성과 과학적 지식을 가장 우선시하는 신념에서 시작되었다. 세속주의는 우리가 보는 세상만을 대상으로 하기 때문에 하나님이나 영혼을 설명하지 않는다. 즉 영원하고 불변하는 가치에 대해서는 설명하지 못하며, 따라서 삶의 의미, 사랑과 같은 본질적인 질문에 대해서도 답하지 못한다고 팀 켈러는 지적한다. 세속주의가 지배하는 세상에서 우리는 자기 자신에게 집중할 수밖에 없다. 그래서 내가 중요하며, 개인의 삶을 행복하게 누리라는 가치관을 양상하게 된다. 이는 극단적 개인주의를 추구하는 사회를 만들어 내며, 잘 되어 가는 것처럼 보이는 모습, 힘들어하지 않고 행복해 보이는 모습으로 살아가도록 우리를 이끈다. 그러나 우리에게는 필요한 것은 영원한 것, 바뀌지 않는 진리를 잡고 살아가는 것이며, '복음'에 그 답이 있다. 마지막까지 우리에게 온전하게 남아 있는 것, 세상의 처음부터 지금까지 허락된 유일한 것에 소망을 두어야만 하나님의 부르심이 무엇인지를 알고 살아갈 수 있다.

우리가 사는 세상에서는 '조건부 확률'이라는 게임법칙이 대세다. "만약 너가 좋은 대학에 간다면, 너는 성공할 수 있을 것이다"라는 식의 규칙과, 이런 식으로 한다면 성공할 가능성이 높아진다는 확률을 제시한다. 그래서 소위 자기계발서, 성공한 사람의 삶을 보여 주는 지침이 범람한다. 교회에서조차도 성공한 모델이나 사례를 보여 주며 우리에게 열심히 노력하라고 말한다.

여기에는 두 가지 문제가 있다. 첫째, 소위 말하는 성공과 행복을 위해 무엇을 해야 하는지 구체적으로 제시되지 않는다. 상황에 따라서, 시대에서 따라서, 그리고 기분에 따라서 우리가 해야 하는 '만약'이라는 것이 변할 수 있기 때문이다.

둘째, 이런 확률은 가능성만 말하고 있지 변하지 않는 기준, 절대적인 기준을 제시하지 않는다. 따라서 우리가 노력해도 실패할 수 있다는 결과를 설명하지 못한다. 이러한 메커니즘에서는 나의 노력만이 성공을 좌우하는 요소가 된다. 실패는 온전히 우리가 잘못한 결과이기 때문에 우리는 낙담하거나 슬퍼하게 된다. 성경은 이를 해결하기 위해 복음의 의미, 구원의 근원, 예수님의 십자가 사건을 바라봐야 한다고 말한다.

물질주의가 팽배해지면서 우리의 노동관 역시 왜곡되기 시작했다. 하나님의 형상을 따라 지음 받은 우리에게는 하나님이 주신 각각의 달란트와 소명이 있다. 그러나 세상에서 우리의 노동 가치는 임금과 소득으로 동일시되기 시작하였다. 인간 관계 역시 점차 나에게 유익과 도움을 줄 수 있는 사람인지 아닌지로 구분되기 시작하였다. 이러한 세계관에서는 일과 삶의 관계조차 나를 중심으로 바라보게 된다.

이와 같은 세상에서 우리는 필연적으로 우상을 만들어 낼 수밖에 없다. 우상은 꼭 모양을 본떠서 만드는 형상만을 한정하지 않는다. 에스겔 14장 3절에서 하나님은 이스라엘 장로들을 가리켜 "이 사람들이 자기 우상을 마음에 들이며"라고 말씀하신다. 팀 켈러는 「일과 영성」에서 우상이란 오로지 하나님만이 주실 수 있는 안전, 의미와 만족, 아름다움을 제공해 줄 다른 무언가의 형상을 만들고 믿는 태도를 가리킨다고 말한다.

십계명은 다른 신들을 섬기지 말라고 명령한다(출 20:3-5). 하나님 외에 다른 것을 마음에 들이지 말라고 한다. 그러면서 가장 먼저 우상숭배를 금지시키고 있다. 그만큼 우상숭배의 막강한 영향력과 위험성을 경고하는 것이며, 하나님 외에 다른 것으로 (다른 신, 나의 공로, 재물 등) 구원받을 수 없다는 것을 강조하는 것이다. 주님의 은총을 다른 무엇이나 자기 자신에게서 찾으려는 것은 결국 우상을 숭배하는 것과 같다. 그러나 인간의 마음은 우상공장이기 때문에 우리도 모르는 사이에 우리 마음은 우상으로 가득 차게 된다.

우상은 우리 삶에서 오직 하나님만이 차지하셔야 하는 자리를 대신 차지하는 모든 것을 가리킨다. 나의 삶과 헌신을 사로잡는 모든 것, 내 삶에서 중심이 되는 모든 것, 중요하게 간주되는 모든 것, 필수적인 모든 것이다. 즉 내 마음속에서 절실하게 원하는 것이 우상이라고 할 수 있다. 나를 움직이고 고무시키고 매료시키고 자극하는 모든 것은 우상이다. 내 삶에서 지배적 위치를 차지하는 것은 무엇이나 우상이다.

바울은 우리의 근본적인 문제는 하나님을 우리의 중심에 모시지 않고, 영화롭게 하지 않는 데 있다고 말한다.

> 하나님을 알되 하나님을 영화롭게도 아니하며 감사하지도 아니하고 오히려 그 생각이 허망하여지며 미련한 마음이 어두워졌나니 스스로 지혜 있다 하나 어리석게 되어. 롬 1:21-22

우리는 우리의 신들이 될 피조물들을 선택한다. 좋은 직장, 예쁜 외모, 재산이라는 일종의 형상에서부터 질투, 자랑, 교만, 비교의식과 같은 마음의 죄까지 우리는 무엇인가를 숭배하거나 마음에 들인다. 그리고 이러한 것들에 우리 각자의 삶은 속박된다. 반복적으로 이야기하지만, 하나님을 중심에 두지 않는 삶은 필연적으로 공허하게 될 수밖에 없다. 하나님을 제쳐 놓은 채 다른 무언가를 위해 살아가면, 마음의 소원을 풀지 못할 뿐 아니라 뜻을 이루어도 우리에게 선한 것이 남지 않게 된다. 좋은 대학에 가면, 성공하면, 좋은 가정을 꾸리면 만족할 것 같은데 여전히 삶이 공허하다고 말한 선배의 예가 이를 증명한다.

당신에게 하나님보다 더 중요한 것이 있다면 그것이 우상이다. 하나님만이 주실 수 있는 것을 다른 데서 얻으려 한다면 그게 바로 우상이다. 우상은 마음을 지배하기 때문에 당신의 열정과 에너지, 돈과 정서적 자원을 다분히 거기에 쏟을 수 있다. 가정과 자녀, 직업과 돈, 성취와 평가, 체면과 사회적 지위가 모두 우상이 될 수 있다.

아마 지금 이 세상의 가장 큰 우상은 자아일 것이다. 세상은 항상 우리를 추켜세우며 자신이 근사하다고 믿도록 만든다. 다른 모든 우상이 자아로 귀결되기 때문이다. 자신에 대한 관심을 하나님의 위치에 두는 일에서 비롯된 것이 우상이다. 요한일서에서는 우상을 멀리 두며 자신을 지키라고 경고하고 있다. 자신을 지켜 하나님과 올바른 관계를 유지하도록 해야 한다고 강조하고 있는데, 여기서 자신은 우리 안에 들어 있는 자아를 말한다. 자아는 '자기애'와 '자기의'로 설명할 수 있다.

자기애는 자기에 대한 사랑이다. 자기에 대한 집착이라고도 말할 수 있다. 요즘 SNS나 대중매체를 보면 끊임없이 '나'에 대해서 말하고 있다. 나를 꾸미고, 나를 포장하고, 나를 과신한다. 쉬지 않고 '나는 이렇게 필요한 사람이다', '나는 이렇게 중요한 사람이다'

라고 이야기한다. 생각해 보면 그것은 이미 종교와 같다. 이 시대에 우리를 사로잡고 있는 종교는 바로 나에 대한 숭배다.

자기의는 내가 열심히 해서 구원받으려고 하는 것이다. 자신이 하는 일을 통해 구원을 얻으려는 행위를 말할 수 있다. 내가 성경을 더 많이 읽고, 기도를 더 많이 하고, 목사님을 더 섬기면 하나님이 나를 구원해 주실 것이라는 생각이다. 세상이나 심지어 교회조차도 이 자기의를 긍정적인 태도로 말하곤 한다. 자기의는 내 생각에서 비롯된다. 인정받고 싶은 욕심과 나의 성취를 앞세운다. 그렇다면 우리에게는 왜 자기의가 있을까? 선악과의 후예이기 때문이다. 그래서 옳다, 그르다를 나의 잣대와 나의 가치로 재고 평가한다. 하나님이 중심에 있지 않고 내가 중심에 있기 때문이다. 다른 말로 이는 '교만'으로 표현할 수 있다.

로마서는 "스스로 지혜 있다 하나 어리석게 되어"(롬 1:22) 하나님을 섬기지 않게 되며, 생각이 미련하고 악하게 된다고 이야기한다. 다들 철학자가 되고 똑똑한 사람처럼 행동한다고 한다. 그렇게 된 이유는 창세기 이후부터 타락한 우리가 하나님 앞에서 자신을 낮추고 복종하는 것을 거부하기 때문이다. 결국에는 나의 지식을 자랑하고, 하나님의 진리를 거짓으로 바꾸어 피조물을 조물주보다 더 경배하며, 하나님의 진리를 자기 생각으로 가득 채우고, 자기 생각을 진리로 여긴다.

우리의 구주는 하나님이어야 하는데 우리는 개인적 성취나 경제적 번영에서 평화와 안전을 얻으려 한다. 이런 우상은 우리 자신에게 통제권이 있다는 느낌을 주기 때문이다. 하지만 우리의 행복을 위해 그리스도 외에 다른 것을 바라보는 것은 매우 위험하다.

하나님이 창조하신 세상에서 하나님이 어떻게 일하실지 우리의 지식으로는 알 수 없다. 다만 하나님의 뜻대로 살아갈 때 우리는 하나님의 일하심을 믿게 된다. 하나님이 누구신지, 어떻게 일하시는지 경험하게 된다. 그런 믿음이 없다면 우리는 절대로 하나님 뜻대로 살아가지 못할 것이다. 우리는 하나님의 마음을 알기 시작할 때 십계명의 뜻을 알게 된다. 그리고 그 뜻대로 살아가고자 하는 결단의 순간을 경험하게 된다.

단순히 아는 지식에서 끝내지 않고 행하기 위해서는 자기 자신과 직면해야 한다. 먼저 나의 우상을 인식하고 바라보려는 노력이 필요하다. 때론 쉽지 않고 외면하고 싶은 순간도 있을 것이다. 중요한 것은 하나님으로 채우기 위한 직면과 결단이다. 결단의 과정에서 먼저 우리는 하나님이 들어가야 할 공간을 만들어야 한다. 비워내는 것이 아니다. 우리는 비워낼 수 없는 존재이기 때문이다. 비워내면 또 뭔가를 채우기 마련이다. 하나님으로 채워야만 하며,

하나님이 들어오실 공간을 만들어야 한다. 우리가 하나님 안에 거하게 되면 그 공간 안에서 나와 주님의 동행이 가능해진다.

소명대로 사는 삶을 어렵게 만드는 장애물

세상에서 소명의 삶을 살아가려고 할 때 우리를 방해하는 여러 갈등 관계가 공존한다는 것을 발견하게 되었다. 다양한 어려움이 존재하겠지만 여기서는 다섯 가지 정도의 유형을 파악해 보고 어떻게 그 장애물을 극복할 수 있을지 알아보겠다.

재물의 신, 맘몬

"당장 생활은 해야 하니 우선 돈이 되는 일부터 시작해야겠다고 생각했어요. 지금은 계약직으로 회사에서 일하고 있는데 전공과 아무런 상관도 없고, 먹고 살기 위한 수단에 불과한 것 같아 마음이 어려워요." "제 나름대로 열심히 일하고 있었어요. 하지만 경제적으로 안정적인 일을 하는 것이 중요하지 않으냐는 말을 들으면 월급이 적은 게 아쉬울 때도 있습니다. 마음을 어떻게 지킬 수 있을까요?"

돈이 이 시대의 가장 강력한 우상이라는 것에 이의를 가지는 사람을 아무도 없을 것이다. 모든 율법을 지키고 예수님을 따르고자 했던 부자 청년은 그가 가진 재물 때문에 결국 예수님을 포기하고 말았다. 예수님은 하나님과 재물을 겸하여 섬길 수 없다고 이야기 하시면서 재물을 뜻하는 단어로 '맘몬'을 사용하셨는데, 이 맘몬은 단순히 '부, 돈, 이익'을 훌쩍 넘어서는 개념이다. 돈은 그 자체로는 권세가 없지만, 맘몬은 돈을 숭배하고 전적으로 섬기게 만들어 버리는 궁극적인 실체다. 결국 사람들이 섬기고 믿게 되는 것은 돈 그 자체가 아니라 그 뒤에 숨은 맘몬인 것이다. 그래서 예수님은 재물을 하나님과 함께 섬길 수 없다고 말씀하셨다.

결국 돈을 사랑하지는 말라는 것이다. 우리가 무엇인가를 사랑하면 마음이 사랑하는 그 대상과 존재로 채워지기 때문이다. 그러면 또 이런 질문을 할 수 있을 것이다. 돈은 많이 벌면 안 되는 것인가? 돈은 악한 것인가? 아니다. 결론부터 이야기하면 돈은 악하지도 선하지도 않다. 단지 어떻게 사용하느냐에 따라 선하게 사용되기도 하고 악하게 사용되기도 할 뿐이다. 사용과 사랑은 엄연히 다른 것이다.

돈을 제대로 사용하면 쓰임 받는 인생을 살 수 있지만 돈을 사랑하면 인생이 불행해진다. 아무리 돈을 사랑해도 돈은 절대 우리를 사랑하지 않는다. 돈을 사랑하고 끊임없이 모으려고 하는 것은, 돈을 내 것이라 생각하고 나의 노력으로 얻은 것이라 여기기 때문이다. 하지만 세상의 모든 것을 누려 보았던 솔로몬은 전도서에서 이렇게 이야기하고 있다.

> 또한 어떤 사람에게든지 하나님이 재물과 부요를 그에게 주사 능히 누리게 하시며 제 몫을 받아 수고함으로 즐거워하게 하신 것은 하나님의 선물이라. 전 5:19

2000년대 초반 IT 관련 기업을 운영하여 상당히 많은 재산을 모은 분을 만난 적이 있다. 세상에서 말하는 성공(돈을 많이 벌고, 유명해지고, 높은 지위에 올라가는 것이라고 한다면)을 거두었지만 삶이 무의미하고 모든 일이 버겁게만 느껴진 적이 있었다고 한다. 많은 사람에게 삶의 의미에 대해 물어보고, 스스로도 찾아보려고 애써 보았지만 마음속의 공허함을 채울 수는 없었다. 하지만 그는 적지 않은 나이임에도 불구하고 하나님 앞에 나아가면서 소명을 더 깊이 이해하게 되었고, 본인이 가진 모든 것은 하나님이 은사로 주신 것임을 받아들였다. 그는 자신의 인생, 그리고 자신이 가진 모든 것이 하나님의 소유라고 인정하게 되었다. 받은 재물과 부요는 청지기로서 잘 관리하도록 하나님께 거저 받은 귀한 선물이라는 것을 인식하게 되었고, 앞으로 긍휼의 대상에게 흘려보내는 삶을 살아갈 것을 소원했다고 한다.

우리에게 주어진 돈은 결국 하나님이 주신 것이다. 탐욕을 이기기 위해서는 우선 '모든 것은 하나님이 주셨다'라는 믿음의 고백이 있어야 한다. 돈은 마치 물과 같아서 흘러가는 곳의 메마름을 해결하고 생명력을 불어 넣지만, 흘러가지 못하고 모이기만 한다면 웅덩이에 고인 물처럼 부패하고 썩을 수밖에 없다. 하나님이 돈만 주시지 않고 그것을 잘 관리해야 하는 청지기의 사명도 함께 주셨다는 것을 기억할 때, 우리 지갑의 용도는 달라질 수 있다. 우리에게 돈은 얼마나 버느냐보다, 어떻게 쓸 것인가가 더욱 중요한 문제다.

조급해하는 마음

"다른 친구들은 취업을 다 했고, 저만 백수예요. 저만 늦어질까 봐 많이 불안해요. 취업이 너무 어려워서 공무원 시험을 준비해야 하나, 대학원을 가야 하나 고민이 돼요." "1년 동안 재수를 했어요. 다른 친구들에 비해 뒤처진 것 같아요. 재수하면서 다른 기회를 놓친 것은 아닐까요?"

요즘은 잘 듣기 어려운 '바람 맞는다'라는 말이 있다. 상상이 잘 안 될 수도 있겠지만, 휴대폰이 보급되기 전에는 누군가와 약속할 때 유선전화로 약속 시간을 잡아야 했다. 일단 밖으로 나오면 서로 연락할 방법이 없기 때문에 짧게는 30분에서 몇 시간씩 기다리는 경우가 꽤 많았다. 이렇게 기다려도 상대방을 만나지 못하는 상황을 '바람 맞았다'고 표현한다. 요즘은 어떠한가? 약속 시간 30분 전부터 서로의 위치를 확인하고 만날 시간을 예측한다. 바람은커녕 실시간으로 장소를 옮기거나 약속을 취소하는 등 효율적으로 시간을 통제한다. 이렇게 발 빠르게 움직이다 보니 우리에게 어색해진 태도가 하나 있는데, 그것은 바로 '기다림'이다. 기다려 본 적이 없는 사람은 기다림이 지루하고 불안하기만 하다. 남들과 비교했을 때 왠지 뒤처지는 것 같고 그래서 마음이 조급해진다. 이것은 다름 아닌 이 시대를 사는 우리의 이야기다.

당신은 오래 기다려 본 경험이 있는가? 가깝게 지내는 한 가정은 아이를 갖기까지 무려 8년이나 되는 시간을 기다렸다. 한 번은 아이가 너무 귀여워서 "어디 있다가 이제야 왔니?"라고 농담을 던졌는데, 아이의 엄마가 이렇게 대답했다고 한다. "기도한 대로 더 빨리 태어났으면 지금 이 아이는 우리에게 못 왔지." 곰곰이 생각해 보니 정말 그렇다. 기도한 대로 하나님이 아이를 허락하셨다면 지금 이 아이가 아닌 다른 아이가 왔을 것 아닌가? 아이가 오기까지 8년의 기다림이 필요했던 것이 아니라, 단지 8년의 시간이 필요했던 것이다. 그렇게 보면 기다림, 인내라는 말은 우리 입장에서의 표현일 뿐, 하나님은 단 한 번도 우리를 기다리게 하신 적이 없다. 그분의 계획과 시간은 한 치의 오차도 없이 완벽한데, 우리가 그 시간을 기다리지 못해 조급해하고 다른 사람들과 비교하고 있는 것은 아닐까?

이처럼 생산성과 효율성을 강조하는 세상에서 우리는 기다림과 인내의 문제를 하나님의 시간으로 해석하고 풀어낼 필요가 있다. 헬라어로 '시간'을 나타내는 말은 χρόνος(크로노스)와 καιρός(카이로스) 두 가지가 있다. 크로노스는 우리가 흔히 말하는 1년 365일의 시간을 말하고, 카이로스는 어떤 특정한 시각을 말한다. 즉, 카이로스는 하나님이 성도들에게만 부여해 주신 특별한 기회와 시간을 의미한다. 성경은 시간에 대해 다음과 같이 이야기하고 있다.

> 세월을 아끼라 때가 악하니라. 엡 5:16

'때가 악하다'는 말은 우리에게 주신 특별한 기회에 사탄의 유혹이 영향을 주고 있다는 뜻이다. 그리고 '세월을 아끼라'는 말에는 사탄에게 빼앗긴 시간을 값을 치르고 찾아오라는 의미가 포함되어 있다. 그리스도인에게는 흘러가는 시간을 하나님이 주시는 특별한 기회로 만들어야 하는 책임이 있다는 것을 기억해야 한다.

이용규 선교사님은 「내려놓음」(규장)에서 "미래의 계획을 맡긴다는 것, 소명대로 살아간다는 것은 어떻게 보면 내가 구상하는 시간표도 함께 하나님께 맡기는 것"이라고 말했다. 즉 내가 소망하는 것이 이루어질 시점에 대해서도 하나님을 신뢰하라는 것이다. 소명으로 살아간다는 것은 하나님의 때를 인정하고 그것에 따르는 것을 내포한다.

달콤한 유혹, 인정

「칭찬은 고래도 춤추게 한다」(21세기북스)는 10년도 더 된 책의 제목이지만, 이 책을 모르는 사람들은 어쩌면 속담으로 오해할 만큼 많은 사람 사이에서 회자되었던 말이다. 저자인 캔 블랜차드(Ken Blanchard)는 돌고래 쇼에서 돌고래가 어떻게 조련사의 말에 반응하는가 살펴보다, 돌고래의 특정 행동에 과다하게 칭찬을 해주면 돌고래가 그 행위를 반복하게 된다는 것을 발견한다. 우리는 어떠한가? 우리 역시 누군가에게 인정받을 때 새로운 에너지를 만들어낸다. 인정은 단순한 칭찬을 넘어선 조금 더 넓은 개념이다. 당신은 어떠한가? 가정이나 학교, 혹은 직장에서 인정받기 위해 부단히 애쓰고 있지는 않은가?

한 청년은 아르바이트, 집안일, 동아리 활동 등 빡빡한 스케줄 속에 부단히 애써가며 살았지만, 노력한 만큼 인정해 주지 않는 주변 사람들에게서 상처를 받았다. 신앙생활도 마찬가지였다. 교사, 리더 등 여러 봉사를 했지만 노력한 만큼 인정해 주지 않으면 이내 불만과 불평이 나오곤 했다. 그러다 하나님과의 관계가 회복되면서 '나는 누구를 위해 열심히 했을까? 어떤 걸 인정받고 싶었을까?'라는 질문에 직면하게 되었다. 그리고 하나님을 위해서라고는 했지만, 솔직히 교회 사람들, 친구, 부모님의 인정을 받기 위해 애써 왔던 자신을 발견했다. 주변 사람들의 말이 곧 자신의 삶의 척도가 되었기에 사람들의 인정이 필요던 것이다. 그는 이 사실을 인정하고 나서야 하나님이 보이기 시작했다고 고백했다.

인정에 관한 이야기는 성경 안에서도 찾아볼 수 있다. 예수님을 집으로 모신 마르다는 예수님을 대접하기 위해서 열심히 주방에서 요리를 하고 있었다. 귀한 손님이라 대접하고 싶은 것도 많았는지 혼자 준비하기에는 너무 마음이 분주했다. 그래서 동생 마리아를 찾았는데, 마리아는 예수님께 꼭 붙어서 말씀만 듣고 있는 게 아닌가? 마르다는 당당하게 예수님께로 가, 동생에게 이야기 좀

해서 자신을 돕게 해달라고 말한다. 대궐 저택도 아니고 뻔히 다 들릴 수 있는 거리임에도 불구하고 마르다는 왜 마리아에게 직접 이야기하지 않고 예수님께 이야기했을까?

상황을 잘 들여다보면 마르다에게는 의도가 있었다. 예수님과 사람들에게 내가 얼마나 바쁜지, 얼마나 고생하고 있는지를 알리고 인정받고 싶었던 것이다. 어쩌면 예수님에게서 참 수고하고 있다는 칭찬을 받고 싶었는지도 모른다. 그러나 예수님은 오히려 열일하고 있는 마르다를 책망하신다. 물론 여기서의 책망은 말씀을 듣지 않은 것에 대한 책망이 아니라, 비교의식 가운데 동생을 원망하는 마음에 대한 책망이다. 힘은 들지만 사람들을 대접하기 위해 묵묵히 음식을 준비했다면 어땠을까? 많은 일 가운데 한 가지를 만족함으로 섬긴 것에 대해 참 잘하였다고 칭찬하셨을 것이다.

이렇듯 우리에게는 누군가에게 인정받고 싶어 하는 마음이 강하게 존재한다. 이 마음을 잘 점검하고 다스리지 못하면 결국 다른 사람과 비교하게 되고 원망과 불평의 마음을 가질 수밖에 없다. 당신은 사람의 인정과 하나님의 인정 중, 어느 것에 춤을 출 것인가?

부모의 기대

대학생 청년들과 함께 사회적 기업가 정신을 배우는 클래스를 진행하다 보면 자연스럽게 이야기할 기회가 많이 생긴다. 이들과 대화하면서 느끼는 것은, 상당수의 청년들이 무엇인가를 결정할 때 너무 신중한 나머지 쉽게 선택하지 못한다는 것이다. 어떤 친구는 신중하다 못해 거의 결정장애 수준이다. 대학생 정도 되었으면 능동적으로 선택하고 자신의 주관도 뚜렷할 만도 한데 왜 이런 현상을 보이는 걸까? 그들의 어린 시절 이야기를 들어 보면 대번에 알 수 있다.

이들은 어릴 때부터 한 번도 스스로 무엇인가를 결정해 본 경험이 없다. 이미 너무 많은 것을 부모님이 선택해 줬고, 그것이 옳은 결정인 양 강요당했던 것이다. 이는 대학 졸업 후 진로에도 영향을 미친다. 분명 자신이 하고 싶은 일은 따로 있는데 부모님을 기쁘게 하기 위해 부모님이 원하는 직업과 직장을 선택하는 것이다. 소명도 예외는 아니다. 하나님 안에서 자신의 부르심을 확인하더라도 그것이 부모님의 기대와 충돌하면 쉽게 결정하지 못한다. 부모님 속 한 번 썩이지 않고 순종적으로 착하게 자란 사람일수록 이 장애물은 더욱 거대하기만 하다.

Y군은 비전클래스를 들으면서 자신에게 장애를 가진 분들을 돕고 싶어 하는 마음이 있다는 것을 확인하였다. 공부 외에는 딱히 무언가를 해본 경험도 없고 워낙 평범하게 자라서 정말 하고 싶은

일이 무엇인지 늘 고민이었는데, 드디어 해보고 싶은 일을 찾은 것이다. 들뜬 마음으로 자신의 가장 든든한 기도 동역자인 어머니에게 기쁜 소식을 나누었다. 하지만 어머니의 반응은 정말 의외였다. 좋은 생각이기는 하나 지금 시대가 누구를 돕는 일로는 생활조차 하기 어려울 거라고 걱정하시며, 조금만 더 스펙을 쌓아 안정적인 기업에 입사하면 어떻겠냐고 하셨다는 것이다. Y군은 본인의 소명과 부모님의 기대, 이 둘 사이에서 어떤 선택을 해야 할지 모르겠다며 큰 고민에 빠져 있다.

대체 이러한 문제는 어떻게 해결해야 할까? 특히나 한국 사회에서는 상당히 쉽지 않은 문제다. 다만 성경에서 힌트를 얻는다면 아브라함의 이야기는 어떨까? 그는 갈대아 우르 출신인데, 유대 전승에 의하면 아브라함의 아버지 데라는 우상을 파는 우상장수였다고 한다. 하나님은 그런 아브라함을 선택해 믿음의 조상을 삼으려는 놀라운 계획을 세우신다. 그러나 다양한 신들로 넘쳐나는 그곳에서 하나님과 교제한다는 것은 불가능한 일이었다. 이에 대한 해결책으로 하나님은 아브라함에게 본토와 친척과 아버지를 떠나도록 명령하신다. 즉 독립이었다. 어릴 때부터 아버지를 도와 각양각색의 우상에 익숙했던 아브라함에게는 그곳을 벗어나는 것 외에 특별한 대안이 없었다.

그러나 이것만 읽고 오해하지는 말자. 즉시 부모님에게 가서 독립을 외치라는 것이 아니다. 독립을 준비하자는 것이다. 이것은 의사결정의 독립뿐 아니라 길게는 재정의 독립, 영적인 독립까지도 포함한다.

심리학을 전공한 청년 P양은 졸업 후 대기업에 들어가기 위해 많은 노력을 기울였지만 생각보다 취업의 문은 좁기만 했다. 어떤 일을 해야 하나 고민하던 중 동아리 활동을 같이 했던 친한 선배로부터 사업을 함께해 보자는 제의를 받았다. 시작한 지 얼마 안 된 작은 회사였고 가족들의 기대가 워낙 컸던 터라 1년만 도와줄 생각으로 회사에 들어갔지만 일주일 만에 부모님께 들통이 나고 말았다. 극심하게 반대하시는 부모님을 보면서 '회사를 그만두어야 하나' 고민도 되었지만 기도하며 쓴 장문의 편지로 결국 부모님의 마음을 돌리는 데 성공하였다. 어렵게 부모님을 설득해서 시작한 회사는 힘든 시기를 지나 지금은 사회적 기업 영역에서 영향력 있는 회사로 성장하였다. P양은 지난 시간을 회상하며 그때 용기를 내서 부모님에게서 독립하기로 결심하지 않았다면 지금의 나는 없었을 것이라고 당당하게 고백한다.

누구나 성인이 되면 부모에게서 독립해야 하는 순간이 온다. 하지만 오랜 시간 함께 지내며 만들어진 편안함과 안정감에서 독립하는 것은 쉽지 않다. 독립에도 반드시 준비 과정이 있어야 한다. 작은 한 가지부터 스스로 선택하며 책임지는 모습을 보여 드리고, 그 결정에 대해 존중해 주시도록 이해를 구하며 설득하는 과정이 필요하다. 아브라함에게 그러하셨듯 하나님은 지금도 우리가 영적 갈데아 우르를 떠나 완벽한 하나님의 부르심 앞에 서기를 고대하고 계신다.

아무리 채우려 해도 채워지지 않는 허전함

예전에는 '중독'이라고 하면 마약, 알코올, 담배 등을 떠올렸지만, 요즘은 일, 쇼핑, 도박, 포르노, 게임, SNS 등 훨씬 더 범위가 넓어졌다. 이런 중독성 있는 행동들은 얼핏 서로 달라 보이지만 그로 인해 나타나는 현상은 동일하다. 스스로 제어할 수 없도록 이성을 마비시켜 끊임없이 그것을 찾게 만드는 것이다. 틈만 나면 그것을 찾고 묵상하고 즐기게 만든다.

이러한 중독 현상은 왜 생기는 것일까?

첫째는 불안감 때문이다. 얼핏 생각할 때 중독이라고 하면, 쾌락과 정욕의 마음에서 출발할 것 같지만 사실 그렇지 않다. 학업, 진로, 가정에서 생기는 불안함을 어떻게 다루어야 할지 몰라, 반복적인 행동을 하면서 현실을 도피하는 것이다. 그러나 이러한 행동을 아무리 반복해도 근본적인 불안감은 해결되지 않는다.

둘째는 공허함이다. 가끔 한 면이 경력으로 가득 차 있는 명함을 받을 때가 있다. 명함을 주는 사람은 자신이 어떤 삶을 살았는지 알려 주고 싶을지 모르지만, 현재 자신의 삶에 만족하지 못하는 것으로밖에 보이지 않는다. 이러한 사람은 많은 모임에 나가 어딘가 소속되려 하거나, 끊임없이 무언가를 배우고 심취하면서 비어 있는 마음을 채우려고 한다. 그런 사람들의 삶은 늘 분주하지만 마음은 항상 공허하기만 하다. 우리는 잘 알고 있지 않은가? 아무리 다른 것으로 채우려 해도 하나님 외에는 그 어떤 것으로도 우리를 채울 수 없다는 것을 말이다. 「하나님인가 세상인가」(아드폰테스)에서 피트 윌슨(Pete Wilson)은 "사람들은 늘 무언가를 더 갈망하는데 이는 하나님께서 그분만이 채우실 수 있는 영적 갈망을 우리 안에 심어 놓으셨기 때문이다"라고 이야기한다.

마지막은 균형감에 대한 상실이다. 균형을 유지한다는 것은 참 쉽지 않은 일이다. 우리는 일과 쉼의 균형이 무너진 것도 모른 채, 바쁜 것이 마치 잘 사는 것인 양 휴일도 반납하고 일만 하는 사람들을 자주 본다. 이뿐만이 아니다. 교회 안에서 사역이라는 사역은 다 맡아 하며 주일 저녁 피곤함에 지쳐 집으로 돌아가는 것이 마치 신앙생활을 잘하는 것처럼 착각하는 경우도 얼마나 많은지 모른다. 맡겨진 일을 열심히 하는 것도 중요하지만, 더 중요한 것은 균형을 지키는 것이다.

그러면 이러한 중독에서 벗어나기 위해 우리는 무엇을 해야 하는가?

가장 좋은 방법은 그 자리를 다른 것으로 채우는 것이다. 내 마음에 예수 그리스도를 초청하고 그분께 나의 권리를 내어 드리는 것이다. 아무리 뛰어난 도둑도 집에 주인이 있는 상태에서는 절대 도둑질을 할 수 없다. 불안과 공허함이 찾아올 때 내 마음에 주인이 계시다면 굳이 그것을 막으려고 애쓰지 않아도 중독의 문제에서 자유할 수 있다.

J군에게 술은 곧 음식이고, 사람들과 관계를 맺는 도구였다. 친구들과 만나면 치킨에는 맥주, 삼겹살에는 소주라며 늘 술을 마셨고, 친구들과 만나지 않을 때는 외로움에 자취방에서 혼술을 했다. 그러나 하나님을 인격적으로 만나면서 술에 대한 고민이 깊어져만 갔다. 아침에 큐티하고 저녁에 술을 마시는 자신을 보는 것이 괴로웠지만 '남에게 피해만 주지 않으면 괜찮겠지'라는 생각으로 계속 술에 빠져 지낼 즈음, 과음으로 지인에게 새벽에 전화를 걸어 실수하는 사건을 경험하면서 자신의 모습을 진지하게 돌아보게 되었다.

그리스도로 나를 채운다는 것은 이전보다 그분을 더 사랑한다는 수준의 이야기가 아니라, 이전의 습관들에서 오는 불편함을 회피하지 않고 맞닥뜨리는 것이다. 하나님과 가까워질수록 불편함과 껄끄러움이 생기는데 이러한 과정에서 우리도 모르는 사이에 하나님이 우리 마음에 들어오시고 하나님을 점점 우선시하는 삶으로 바뀌게 된다. 불편함을 더 의식하고, 면밀히 들여다보고, 작은 것도 그냥 넘기지 않고 고민하는 것 자체가 하나님을 더 사랑하는 일련의 행동이다. 그 고민이 결국 하나님 앞으로 나아가게 하고, 기도할 수밖에 없게 만들기 때문이다. "술을 당장 끊겠습니다"라고 호언장담하기보다는 "하나님, 어떻게 하면 좋을까요? 변화되고 싶어요"라는 고민을 놓고 하나님 앞에서 기도하게 되는 것이다. 이러한 기도의 시간, 즉 하나님과의 교제를 통해 우리의 마음은 하나님으로 채워지게 되고, 그러면서 점점 거룩의 과정으로 나아가게 된다. 자연스럽게 이전까지의 행동이 사라지면서 예수님을 닮아가게 되는 것이다.

  J군은 여전히 술을 마시기는 하지만 술에 중독되었을 때와는 다르다. 술자리에서 괴로워하는 친구에게 예수 그리스도를 소개하며 전도의 기회로 삼기도 하고, 때로는 술을 마시지 않고 술자리 뒤에 친구들을 집까지 바래다주는 운전기사의 역할을 하기도 한

다. 마음이 하나님의 사랑으로 채워지니 단순히 어떤 습관을 끊어내는 것을 넘어 그것까지도 하나님의 도구로 사용할 수 있게 된 것이다.

세계관, 시대를 보는 안경

아는 만큼 볼 수 있다

이 세상에서 소명의 삶을 살아가기 위해서 우리는 돈, 성취, 인정, 그리고 가족과 부모와의 관계 안에서 생기는 교만과 욕심을 확인해야 한다. 그리고 소명대로 살아가기 위한 훈련과 결단도 필요하다. 반복적으로 우리가 하나님에게 시선을 돌리지 않는다면, 소명을 따라 이 세상을 살아가기 어렵다. 우상과 세상적 세계관이 우리의 삶에 들어올 것이기 때문이다. '어떤 세계관으로 세상을 인식하고 바라볼 것인가'의 문제는 소명으로 삶을 살아가는 데 있어 매우 중요하다.

이스라엘 백성은 모세와 함께 애굽을 탈출해 가나안 땅으로 나아간다. 그들은 40년이라는 긴 시간 동안 광야생활을 해야만 했는데, 그렇게 된 결정적 이유는 민수기 14장에 나오는 정탐보고 때문이었다. 각 지파의 대표 12명이 가나안 땅을 정탐하고 돌아왔는데, 그중 10명은 부정적인 보고를 하고 여호수아와 갈렙만이 믿음의 보고를 한다. 정말로 10명이나 되는 사람들이 상황을 잘못 본 것일까? 성경은 그곳에 골리앗의 가문인 아낙 자손들이 살고 있었다고 기록하고 있다. 그들은 실제로 보통사람보다 큰 신장을 가지고 있었다. 현실은 그렇지만 여호수아와 갈렙에게는 믿음이라는 안경이 있었다. 이것이 크리스천으로서 세계를 바라보는 방법이다. 우리가 사는 세상에도 거인과 같은 위협들이 얼마나 많이 도사리고 있는가? 하지만 믿음의 눈으로 그들은 우리의 밥이라고 선포하는 것이다. 이것이 바로 세계관의 전환이다.

이런 시대의 흐름 가운데 우리에게 필요한 것은 성경적 가치관을 바탕으로 한 기독교 세계관의 정립이다. 그 핵심 원리는 창조(계획), 타락(문제), 구원과 회복(해결책)이다. 하나님이 창조하신 만물이 죄로 인한 타락으로 망가졌고, 그 세계를 회복시키기 위해서 창조자의 관점으로 다시 만물을 바라보는 것이 기독교 세계관의 핵심이라 할 수 있다.

알버트 그린(Albert E. Greene Jr.)의 「기독교 세계관으로 살아가기」(CUP)라는 책에 의하면, 기독교 세계관이란 첫째로 하나님의 말씀으로 이 세상을 보는 것이다. 하나님의 말씀으로 세상을 바라보지 않을 때 우리는 인본주의에 빠지게 된다. 둘째로 그리스도의 십자가라는 프리즘을 통해 세상을 보는 것이다. 죄의 본성으로 왜곡된 시대를 구속적 관점으로 보지 않으면 율법주의에 빠지고 말 것이다. 마지막으로 이 두 가지의 기준으로 특정 영역이 아닌 온 세상 제반의 영역을 바라보고 해석할 때 우리는 이분법적 오류에 빠지지 않을 수 있다.

팀 켈러 역시 그의 책 「일과 영성」에서 내러티브적인 관점으로 기독교 세계관을 설명한다. 먼저 '온 세상은 선하다'라는 주제 아래 하나님의 창조 세계를 언급한 후, 그다음으로 (죄로 인하여) 하나님과의 관계를 잃어버린 상태를 문제로 지적하고, 결론적으로 하나님의 은혜(그리스도의 사역을 통해 회복된 하나님과의 관계)를 해결책으로 제시한다. 창조자가 선하게 만든 세상이 죄로 인해 망가졌다. 하나님은 예수 그리스도를 통해 자신을 내어 주는 엄청난 희생으로 세상을 구원하셨고, 또다시 오셔서 완전히 회복시키실 것이다. 우리는 그 속에서 하나님이 회복해 주실 것을 믿고, 그 관계 속에서 모든 것을 수행하게 될 것이다. 우리는 하나님의 이야기 속에서 살아간다.

하나님은 우리와 교제하기를 원하시고 관계 맺기를 원하시는 분이다. 비록 인간의 죄악으로 그 관계가 깨지기는 했지만, 오로지 하나님만이 우리를 다시 부르셔서 관계를 회복시키실 수 있다. 우리는 그 관계에 초대받은 자인 것이다. 우리는 하나님의 회복의 역사를 통해 다시 태어나면서 새로운 정체성을 덧입는다. '나는 누구인가'라는 정체성은 하나님과의 관계에서 설명된다.

하나님은 관계로 우리를 부르신다. 하나님은 홀로 완전하신 분인데도 불구하고 홀로 완전하기를 거부하시며, 철저히 관계 속에서 우리와 함께하기를, 우리가 하나님 안에 거하고 의존하기를 원하신다.

우리는 잘하는 일을 할 때 자신을 드러내기 원하고 누군가와 함께하는 것을 꺼린다. 귀찮기도 하고, 내 맘대로 하기도 어렵고, 자신의 성과를 인정받고 싶기도 해서다. 하지만 하나님은 우리의 도움이 필요 없으신데도 우리가 하나님의 사역에 동참하기를 원하신다. 우리는 기독교 세계관을 통해서만 창조주가 우리를 만드신 목적을 알 수 있다. 하나님이 예수님을 이 땅에 보내신 것도 우리와의 관계를 회복하기 위해서였다. 성경은 우리와 하나님의 관계를 '주인과 종', '포도나무와 가지', '목자와 양', '아내와 신부', '아버지와 아들', '배우자로의 초청'이라는 비유로 설명한다. 하나님은 친밀한 관계로 우리를 부르신다.

하나님의 통치권을 인정하는 세계관에서 우리는 하나님과 관계를 맺으며 살아간다. 창조주는 만물이 상호 의존적으로 연결된 아름답고 풍성한 세상을 만들었다. 창조주는 만물과 인간을 만들고 기뻐하셨다. 사람을 지으신 뒤에는, 정원사가 정원을 가꾸듯 사람에게 피조세계를 경영하고 광대한 자원을 끌어내라고 가르치셨다. 우리는 하나님의 이야기 속에서 일부분의 역할만 담당하고 있기 때문에 모든 것을 다 이해하지는 못한다. 기독교 세계관은 우리가 각자의 삶에서 어떻게 살아야 하는지에 대한 지침을 제시한다. 따라서 우리에게 일어난 모든 사건과 우리의 역할은 하나님과의 관계 안에서 설명되어야 한다. 우리는 그것을 대답하기 위해서 애써야 한다.

우리는 무력한 세대를 살고 있다(실제로 이는 큰 문제다). 그나마 조금 더 나아 봤자 자신의 삶에 주인이 되기 위해 발버둥치는 정도다. 우리는 계속해서 소유자, 창조자가 되려고 무던히도 애를 쓴다. 그러나 사실 우리의 소명은 그런 존재가 되는 것이 아니다. 하나님은 우리를 청지기의 자리로 부르셨다. 우리는 하나님이 가장 사랑하시는 상속자이지만, 우리 스스로 주인이나 창조자라고 생각하면 안 된다. 우리는 맘몬에게 빼앗긴 우리 인생의 소유권을 다시 찾아 하나님께 내어 드려야 한다. 그러면 그분은 가장 행복한 상속자로 우리를 부르실 것이다. 그리고 우리가 이 일을 잘 수행할 수 있도록 돕는 손길을 보내신다. 우리의 소명은 가장 능동적인 순종이 될 수 있다.

소명의 삶을 살기 위한 제안

기도와 말씀을 통해 하나님의 뜻을 분별하라

진부한 이야기처럼 들리겠지만 기도와 말씀 이 두 가지를 제외하고 다른 방법으로 소명의 삶을 사는 것은 절대 불가능하다.

예수님만큼 바쁜 삶을 살았던 사람이 또 있을까? 낮에는 쉴 새 없이 계속 가르치고 먹이고 고치는 사역을 하셨지만, 새벽에는 항상 한적한 시간을 확보하여 자신이 해야 할 일과 부르심에 대해 끊임없이 하나님께 묻고 듣는 시간을 가지셨다. 우리 삶의 모범답안이신 예수님조차 그러하셨다면 우리가 기도로 소명의 삶을 살아가는 것은 너무 당연한 이야기가 아닌가? 특별히 기도 시간이 2시간이건 5분이건 간에, 마무리할 때는 꼭 듣는 기도를 하라고 이야기하고 싶다. 사실 하나님이 우리에게 가장 많이 말씀하시는 방법은 마음을 통해서다. 때로는 성경 구절이 떠오르게 하시기도 하고 특정 인물이 생각나게도 하신다. 그러나 문제는 우리가 기도를 마무리하면서 하나님이 이야기하실 기회를 드리지 않는다는 데 있다. 기도하고 듣지 않는 것은, 데이트 자리에서 내가 하고 싶은 말만 일방적으로 말한 뒤 자리를 박차고 일어서는 것과 같다. 잠잠함 중에 나에게 주시는 마음의 소리에 귀 귀울여 보자.

성경은 하나님의 뜻을 알 수 있는 가장 정확한 방법이다. 그리고 성경은 참 정직하다. 기도는 나의 감정, 상황, 컨디션에 많은 영향을 받지만, 성경은 딱 내가 넘기는 그만큼만 내게 말씀하신다. 문제는 한 주 동안 성경 한 장을 넘기는 것이 무척 어렵다는 것이다. TV, 운동, 게임 등 내가 하고 싶은 일들은 어떻게든 하면서 50g도 채 되지 않는 그 한 장을 넘기는 일은 쌀 한 가마니를 드는 것보다 더 무겁게 느껴진다. 이미 말씀을 통해 하나님의 뜻을 충분히 알 수 있도록 허락하셨는데 우리는 너무 먼 곳에서 찾으려고 하는 것은 아닐까?

소수의 친밀한 공동체를 찾아라

시대적으로 점점 더 혼자서는 믿음을 지키기 어려운 환경들이 주어질 것이다. 그리고 사탄은 계속적으로 우는 사자와 같이 무리에서 이탈한 사람을 먹잇감으로 노릴 것이다. 이때 필요한 것은 함께할 수 있는 공동체다. 그러나 모두 공통적으로 토로하는 어려움은 좋은 공동체를 찾는 것이 생각보다 쉽지 않다는 것이다. 심센터 쉐어하우스에서는 사회적 기업가 정신을 가진 크리스천들이 함께 모여 공동체를 이루어 살아가고 있다. 함께 신앙 훈련도 하고 중보기도도 하고 서로의 삶을 응원하며 살다가, 쉐어하우스를 나갈 때가 되면 새로운 공동체에 대한 고민을 하게 된다.

그렇다면 어떤 기준으로 공동체를 찾아야 할까?

공동체는 소수일수록 유리하다. 너무 많은 사람이 모이면 깊은 나눔을 할 수 없으며 친밀해지는 데 오랜 시간이 걸린다. 즉 제대로 된 교제를 하는 데 한계가 있을 수밖에 없다. 하나님은 소수의 친밀한 공동체 안에서 나누어지는 교제를 통해 질서 있고 일관되게 말씀하신다.

그리고 하나의 공동체만으로는 부족하다. 아무리 좋은 공동체라 하더라도 연약한 사람들이 모여 있기 때문에 갈등은 일어나기 마련이다. 그 안에서 경험하는 어려움은 다른 멤버들로 구성된 타 공동체에서 나누고 기도를 부탁할 필요가 있다. 그래서 가급적이면 하나의 공동체에 만족하지 말고 둘 이상의 공동체를 찾기를 권한다.

B양은 온라인 취업정보사이트에 가입하여 취업을 위한 커뮤니티에 참여하게 되었다. 처음에는 취업을 위한 정보도 얻고 다양한

사람들을 만날 수 있어 참 좋았는데, 하나둘씩 취업을 하기 시작하자 그렇지 못한 사람들은 오히려 상대적 박탈감과 조급한 마음이 더 커져만 갔다. 그러다 보니 애초의 취지와는 다르게 서로를 응원하고 위로한다는 이유로 점점 사교 모임으로 변해가기 시작했다. B양은 거기서 만난 좋은 사람들을 잃고 싶지 않아 지속적으로 모임에 참여했지만, 교제하면 할수록 더 지쳐가는 자신의 모습을 발견했다. 그래서 고민 끝에 취업 커뮤니티에서 나와 자신을 위해 진정으로 기도해 주며 관심을 가져 주었던 기도 공동체와 교제를 시작했다. 기존의 공동체와는 달리 서로의 이야기에 진심으로 걱정해 주며 응원해 주는 모습을 통해 B양은 자존감과 자신감을 되찾을 수 있었고, 얼마 되지 않아 그토록 원하는 취업도 해결되었다. 이 일은 함께하는 공동체의 소중함을 생각해 보게 하는 결정적 계기가 되었다.

    공동체의 가장 중요한 기준은 무엇보다 앞서 이야기했던 기도와 말씀이 전제되어야 한다. 삶을 나누다 보면 자연스럽게 서로의 가치관에 영향을 받을 수밖에 없기 때문이다. 자신이 속한 공동체를 점검해 보고, 만약 세상적 기준의 공동체에 속해 있다면 결단하고 이를 의지적으로 바꾸어야 한다.

다양한 경험을 통해 퍼즐의 조각을 모으라

졸업을 앞두고 있는 친구들과 이야기해 보면, 자신의 직업과 일을 선택할 때 어떤 기준으로 결정해야 하는지 고민하는 경우를 많이 본다. 그런데 문제는 고민만 하느라 정작 아무 결정도 내리지 못한 채 해를 넘기는 경우가 허다하다는 것이다. 한 번 일을 선택하면 다른 일은 할 수 없을 것만 같은 조심스러움 때문에 쉽게 결정하지 못하는 것이다. 하지만 할 수만 있다면 다양한 일들을 경험해 보는 것이 필요하다. 아르바이트든 인턴이든 고민만 하지 말고 우선 부딪혀서 경험할 때 정말 내가 하고 싶은 일을 찾을 수 있다. 인터넷으로 최신 유행하는 정보만 검색하고 괜찮아 보이는 교육만 받는다고 일이 정해지는 것은 아니다.

문화기획을 전공하고 창업에 대해 고민하고 있는 S군은 현재 구상하고 있는 일 때문에 고민이 많다고 했다. 친한 지인의 아버지가 상가에 창고처럼 방치되어 있는 공간이 하나 있는데 하고 싶은 일이 있으면 해보라고 제안을 했던 모양이다. 그 층에는 학원이 있어 아이들이 많이 드나드는데, 방과 후에 아이들이 찾아올 수 있는 작은 도서관을 해보고 싶은 마음이 들었다고 한다. 그런데 잘할 수 있을지 또 그것을 하는 게 맞는지 확신이 서지 않는다는 것이다.

어떤 대답을 했을 것 같은가? 한 치의 망설임도 없이 도전해 보라고 권했다. 실패의 경험에 대해 너무 두려워하지 말기를 바란다. 사업이 잘되면 부르심에 대해 더 명확하게 확인할 것이고, 설령 망한다 하더라도 소명을 이해하기 위한 퍼즐 한 조각을 얻을 테니 말이다. 그리고 너무 빨리 소명을 정의하려 애쓰지 않기를 바란다. 소명은 퍼즐과 같아서 지금 하고 있는 경험의 한 조각으로는 무슨 그림인지 알기가 어렵다. 어느 정도 나이를 먹고 다양한 경험의 조각들이 모일 때에야 비로소 부르심의 그림이 조금 더 구체적이고 선명해질 수 있다.

인생의 정답은 예수 그리스도뿐임을 기억하라

우리는 기도할 때 흔히 어떤 선택이 더 올바른지, 혹은 정답인지 하나님께 묻곤 한다. 마치 점쟁이에게 점을 보듯이 말이다. 그런데 한번 바꾸어 생각해 보자. 내가 A를 선택하거나 B를 선택하는 것에 대해 하나님은 얼마나 관심을 가지고 계실까? 잘 생각해 보면 어쩌면 하나도 관심 없으실 수 있다. 신중한 결정으로 하나님의 영광을 드러내야겠다는 생각을 했다면 일찌감치 포기하는 게 좋다. 하나님은 나로 인해 빛나는 분이 아니라, 나와 상관없이 우리가 경험한 그 어떠한 빛보다 밝고 찬란하신 분이다. 소명의 삶은 특별한 무엇을 위해 부단히 노력할 때보다, 그분이 부르시고 사랑하시는 모습 그대로 존재할 때 더욱 선명하게 드러나지 않을까?

제자들을 선발할 때 예수님의 기준은 남달랐다. 남들처럼 재능이나 탁월함을 보실 법도 한데, 제자로 뽑힌 이들의 전직은 실로 놀라웠다. 대다수가 물고기만 잡던 어부 출신이었고, 죄인이라고 손가락질받던 세리 출신도 있었으며, 어떤 이들은 뚜렷한 직업조차 언급되고 있지 않다.

어째서 이렇게 불안해 보이고 평범하게만 보이는 사람들을 제자로 선택하셨을까? 여러 가지 이유가 있을 테지만 예수님께서는 스마트한 제자가 아니라, 성실하게 예수님과 동행하며 그분의 사역을 보고 배울 수 있는 제자가 필요했을 것이다. 예수님의 공생애 기간 동안 제자들은 숱한 실수를 반복했지만, 그럼에도 불구하고 예수님은 그들을 끝까지 사랑으로 가르치고 자신의 사역에 동참시켜 주셨다.

하나님도 같은 마음이시지 않을까 싶다. 하나님은 혼자서도 얼마든지 하실 수 있지만 더디고 실수투성이인 우리를 그분의 일에 참여시켜 주신다. 소명의 관점에서 보면 우리가 무엇을 선택하든 무슨 일을 하든 전혀 상관없다. 설사 최악의 상황이 벌어지더라도 괜찮다. 그분이 뭔가 맡기셨다면, 그 일에는 어떠한 일이 생겨도 수습해 주시겠다는 약속이 포함되어 있는 것이기 때문이다. 중요한 것은 무엇을 선택하느냐가 아니라 그분과의 관계다. 우리 인생의 정답은 오직 예수 그리스도밖에 없으며 그 답을 가지고 무엇인가 선택하면 그 결정이 정답이 되는 것이다. 결국 기도하며 결정한 우리의 선택에 그분의 도우심과 인도하심만 있을 뿐이다.

더 깊이 생각해 보기

Q 20년 뒤 우리가 사는 세상은 어떤 모습일까요?

… 우리가 살아가는 시대의 변화와 유행의 속도는 너무도 빠르다. 그렇기 때문에 변화의 속도만큼이나 부작용과 위험 부담은 당연히 커질 수밖에 없다. 급변하는 시대의 특징들은 무엇인지 정리해 보고 우리가 준비해야 할 것에 대해 생각해 보자.

Q 내가 생각하는 성공은 무엇인가요?

… 성공에 대해서 어떻게 정의하고 있는가? 진정한 성공이란 무엇일까? 베드로가 풍랑 중에도 배 밖으로 나간 이유는 예수님이 그곳에 계셨기 때문이다. 그분과 함께하는 것이 우리 인생의 성공임을 기억하자.

Q 나에게 우상은 무엇인가요?

… 소원을 하나만 이야기하라고 한다면 무엇을 말하고 싶은가? 지금 생각하는 바로 그것이 내가 가장 관심 있어 하는 것이며 인생의 목표라고 할 수 있다. 그것이 어쩌면 나의 가장 큰 우상이지는 않을까? 우리 삶에 깊숙이 자리 잡고 있는 우상을 생각해 보고 어떻게 그 자리를 주님으로 바꾸어 낼 수 있을지 고민해 보자.

Q 소명의 삶을 가로막는 가장 큰 장애물은 무엇인가요?

… 소명의 삶을 살기로 결단한다 해도 현실적으로 그것을 가로막는 장애물은 너무도 많이 존재한다. 그중에서도 지속적으로 나의 삶을 가로막는 장애물은 무엇인가? 그 장애물이 나의 욕심 때문에 생긴 것은 아닌지, 혹은 쓴 뿌리나 상처로부터 시작된 것은 아닌지 점검해 보자.

Q 그 장애물을 극복하기 위해 어떤 노력을 하고 있나요?

… 우리를 가로막고 있는 그 장애물은 반드시 제거되고 극복되어야 한다. 이를 위해 '소명의 삶을 살기 위한 제안'을 읽어 보고, 나만의 특별한 방법도 생각해 보자.

CHAPTER 04
소명을 따라 살면 성공하나요?

소명의 길에서 만나는 광야

우리는 하나님이 우리의 삶을 인도하여 주셔서 복 받고 성공하기를 바란다. 적어도 마음속 어딘가에서 '제가 하나님 일을 하는데, 이 정도는 보상해 주셔야죠'라는 생각을 한다. 하나님의 일을 하면서 고난을 당한다는 것은 상상하기 어려운 일이다. 적어도 나에게 만큼은 힘든 일이 생기지 않기를 바란다. 그래서 소명의 삶을 살아가는 과정 가운데 고난을 받으면 배신감을 느끼기도 한다. 인과관계 세계관에 물든 우리로서는 이해하기 어려운 상황이다. 예상치 못한 고난과 고통을 만나게 되면 우리는 '내가 부족해서 그런 건가?' 하고 스스로를 자책하게 된다. 그리고 '왜 내게 이런 광야의 과정을 허락하시는가?' 묻곤 한다.

고난의 순간이 우리에게 엄습할 때가 있다. 고난의 양상은 다를지라도 우리는 모두 고통의 무게를 견딜 수 없는 순간을 만난다. 하나님이 내 손과 발을 묶으시는 순간, 내 계획이 완전히 무너지는 순간, 내 힘으로 할 수 없는 것에 절망하는 순간을 마주하게 된다. 사랑하는 사람이 아플 때, 대학 입시나 취업에서 계속 실패할 때, 사업에서 사기를 당할 때와 같이 말할 수 없는 고통이 나를 아프게 할 때가 있다. 우리는 무기력한 모습으로 때로는 낙망하며 그 시기를 지나게 된다.

성경은 고난이 우리에게 유익이며, 오히려 이 모든 것이 협력하여 선을 이룬다고 이야기한다. 시편 기자는 "고난 당한 것이 내게 유익이라 이로 말미암아 내가 주의 율례들을 배우게 되었나이다"(시편 119:71)라고 말한다. 베드로전서는 선을 행함으로 고난을 받고 참는 것이 하나님 앞에서 아름답다고 말한다(벧전 2:20). 여기서 '아름답다'는 말은 '은혜'와 동일한 말로 해석될 수 있다. 하나님이 허락하시는 은혜가 있기 때문에 고난을 받고 참을 수 있는 것이다. 이러한 고난에서 우리는 은혜를 경험할 수 있다. 그렇다면 그 은혜는 구체적으로 무엇일까?

우리는 믿음으로 받는 구원만을 은혜로 생각하는데, 그리스도를 믿음으로 인해 당하는 고난도 은혜일 수 있다. 아무리 큰 절망과 고통이라 할지라도 믿음 안에서는 소망의 통로가 될 수 있는 것이다. 선교지에서 크고 작은 어려움을 경험한 선교사님이 "다시 돌이켜 생각해 보면 그 당시에 하나님이 나의 삶에 진짜로 강렬하게 임하셨다. 그때는 힘들었지만 지나고 나면 은혜였다고 말할 수 있다"라는 고백을 나눈 적이 있다. 고난을 당하는 것은 아프고 힘든 일이지만, 믿음 안에서 그 고난을 복되게 만들어 갈 수 있다는 의미다.

청년들의 창업을 지원하는 센터에서 일하고 있는 한 청년은 취업 준비를 하는 1년 동안 20여 곳에 원서를 넣었는데 전부 떨어졌다고 한다. 처음에는 열심히 준비하여 다시 도전하고자 하는 마음이 강했는데, 반복적으로 실패하게 되면서 '나는 세상에서 쓸모없는 존재인가' 하는 생각이 들었다고 한다. 당시에는 부모님조차도 격려와 지원을 해주시지 않아, 한 치 앞도 안 보이는 상황을 어떻게 살아야 할지 막막했다고 한다. 나보다 준비가 부족한 친구들도 취업이 되는 것 같은데 나는 왜 이런 시련을 겪어야 하는지 도무지 이해할 수 없었다고 한다. 이처럼 실패가 반복되면 우리는 낙심하게 된다.

그 청년은 만약 본인이 취업 준비와 실패를 경험하지 않았더라면 진로를 고민하고 있는 청년들의 마음을 진심으로 공감하기 어려웠을 것이라고 고백한다. 또한 자신이 할 수 있는 것들을 다 하고 계획을 열심히 세워 봐도 계획대로 풀리지 않는다는 것을 크게 깨달았고, 결국 그 시간들을 통해 하나님께 모든 것을 의지할 수 있게 되었다고 한다. 이 청년의 경험은 본인의 일터에서 귀하게 사용되고 있다.

광야의 삶에서 우리는 전적으로 하나님께 의지할 수밖에 없게 된다. 오히려 광야에서 우리는 매일매일 만나를 공급해 주시는 하나님을 경험하게 된다. 그날의 은혜로 살아가면서 하나님이 주시는 농축된 은혜를 누리게 된다.

그렇다면 어려움은 왜 겪게 되는 것일까? 내가 잘못해서 겪는 것이 아니다. 하나님이 일부러 이런 시련을 주시는 것도 아니다. 중요한 것은 '그 문제에 어떻게 반응하는가'이다. 소명의 길을 살아가는 과정에서 우리는 어려움을 겪기도 하고 낙심하기도 하다. 그러나 그 문제를 하나님 나라와 연계해서 잘 생각해 보면 결국 시련을 복되게 만들어 갈 수 있다는 것을 알게 된다.

하나님은 우리를 하나님의 거룩함에 동참시키기 위해서 징계를 허락하신다(히 12:10-11). 또한 우리가 잠시 받는 환난은 우리의 속사람을 새롭게 하며, 소망을 품게 하여 우리를 거룩하게 한다(고후 4:16-18). 환난을 통해 우리는 소명을 더욱 깊이 이해하게 되며, 타인의 필요를 이해하고 공감할 수 있게 된다.

우리는 고난 앞에서 우리의 '연약함'을 마주하게 된다. 평소에는 마주하기 껄끄럽고 드러내기 싫은 우리의 단점일 것이다. 우리는 그 과정에서 약한 믿음, 분노, 타인에 대한 냉담함, 염려, 실망감, 무기력, 다른 사람을 비난하는 것과 같은 내면의 결함을 보게 된다. 이를 하나님 앞에 내어 드리며 연약함을 돌파하는 과정 속에서 우리는 자신의 흠을 부정하는 자세에서 벗어나 적극적으로 변화할 수 있다. 고난은 우리가 죄의 흔적을 마주하고 더 주님을 닮아가도록 우리를 이끌어 준다.

몇 년 전부터 함께 일하고 있는 L대표님이 있다. 지금은 신앙을 나누는 동료의 관계로 지낸다. 대표님은 장애인을 위한 학습기구 및 서비스를 제공하는 회사를 운영하고 있다. 대표님을 만났던 시점은 회사가 재정적으로, 조직적으로 힘든 시기였다. 사업멘토라고 생각한 사람이 자신의 이득을 위해서 회사를 이용했고, 그 과정에서 대표님은 상당한 빚을 지게 얻었다. 그러다 회사 초기부터 함께 일했던 친한 동료들이 퇴사를 해야 하는 상황이 되었고, 대표님은 그 결정을 감당하기 어려워 사업멘토에게 모든 의사결정을 위임했다. 결국 파산 직전에 이르자, 대표님은 자신이 왜 사업을 시작했는지, 어떤 역할을 해야 하는지 고민하며 하나님 앞에 나아갔다. 그 과정에서 자신의 부족함과 연약함을 살피게 되었고, 다시 자신의 소명과 회사의 미션을 찾아가기 시작했다. 여전히 재정적으로 어려운 상황이지만 대표님은 조금씩 변하고 있다. 예전처럼 외면하고 피하는 것이 아니라, 소망을 가지고 일을 대하기 시작한 것이다. 일련의 과정을 통해서 대표님에게 작은 성장과 열매가 맺어지고 있다. 실패와 고난을 통해 본인의 연약함을 정직하게 마주하게 되었고, 일을 대하는 태도나 삶의 태도에서 성숙이 일어나게 된 것이다.

둘째로, 고난은 우리 삶의 좋은 것들을 대하는 우리의 태도를 완전히 바꾼다. 역경은 우리가 지나치게 중요하다고 여겼던 일들이 무엇인지 깨닫게 한다. 특히 성공에 대한 관점을 바꾸기도 하고 삶의 가치관을 변화시키기도 한다. 또한 소명을 더 깊이 이해하게 되기도 한다. 고난의 시기는 인생에서 정말로 중요한 것, 곧 하나님과 다른 사람들에게 더 큰 소망과 의미를 둘 수 있는 특별한 기회가 될 수 있다.

세계적인 건축회사인 팀하스(TimHaahs)를 운영하며, 「P31」(두란노)과 「페이버favor」(청림)라는 책을 쓰신 하형록 회장이 2016년 심센터를 방문하여 청년들에게 본인의 사업과 소명을 전한 적이 있다. 팀하스 회사는 잠언 31을 기반으로 설립되어 "우리는 어려운 이웃을 위해 존재한다"라는 경영철학으로 운영되고 있다. 이러한 경영철

학으로 사업을 시작하게 된 계기가 무엇인지, 하나님의 말씀이 기반이 된 비즈니스는 무엇이라고 생각하는지 물어보자, 하형록 회장은 다음과 같이 대답하였다.

    1991년 심실빈맥증으로 심장이식을 기다리다 옆 병실의 얼굴도 모르는 다른 환자에게 본인이 이식받을 심장을 양보했다. 그 환자는 심장을 이식받지 못하면 곧 죽고, 본인은 길면 3주 정도를 더 살 수 있는 상황이었다. 감사하게도 한 달쯤 지나서 그에게 맞는 심장이 기적적으로 나타나 수술을 하게 되었고 건강한 모습으로 퇴원을 할 수 있었다. 두 번의 심장이식 수술이라는 생사의 고비를 넘으면서 그는 성공의 의미에 대해서 다시 한 번 생각하게 되었다. 다른 사람에게 심장을 양보하고 하나님 안에서 기적적으로 살아난 경험을 통해 그는 하나님의 마음으로 이웃을 바라보는 것을 온전히 경험하게 되었다. 그 과정에서 예수님의 진정한 희생과 하나님의 사랑을 깊이 있게 체험하였고, 자신 역시 이웃을 섬기고 사랑하는 삶을 살아야겠다고 생각했다. 그는 '이웃을 사랑한다는 것은 내가 주고 싶은 것을 주는 게 아니라 그들에게 필요한 것을 주는 것'이라고 언급하면서, 우리가 하는 일과 우리 모두에게 하나님의 은혜와 회복이 필요하다고 이야기했다. 그리고 비즈니스를 통해서 회복이 이루어지기를 바란다고 했다.

마지막으로, 고난을 통과하지 않고는 고통받는 누군가를 위로할 수 없을 것이다. 어려움을 겪어 보지 않으면 고난당한 자의 아픔과 슬픔을 절실히 이해할 수 없다. 왜 저렇게까지 우는지, 왜 슬퍼하는지, 왜 힘들어하는지 공감하기가 어렵다. 역경을 제대로 통과해 마음이 딱딱해지지 않았다면, 그 역경은 지혜를 빚어낸다. 고난은 치유자가 되게 하고 슬픈 사람을 위로할 폭넓은 통찰을 갖게 한다.

현재 가족치료를 공부하고 향후 관련된 일을 하고자 하는 청년 J는 '가족이 회복되는 세상'을 꿈꾸고 있다. 군인이며 친구들과 낚시하는 것이 취미였던 아버지는 집에 자주 들어오지 않았고, 아버지와 함께 시간을 보내고 싶어 했던 엄마는 점점 애정결핍과 우울증이 심해졌다고 한다. J는 고등학교 시절 이런 가정 분위기가 싫어서 도서관에서 늦게까지 공부하다가 집에 돌아왔다. 엄마의 우울증은 점점 더 심해졌고 이제는 약 없이는 잠에 들지 못하는 상황이 되었다. J는 대학교를 휴학하고 엄마 곁에서 1년의 시간을 보내는 동안, 왜 이런 일이 자신에게 일어나는지 하나님을 원망하기도 했고, 친구들처럼 마냥 즐거운 대학생활을 하지 못하는 것을 속상해하기도 했다. 그러나 그 과정에서 J는 하나님이 현재 자신에게 원하시는 역할을 이해하게 되었으며, 가족치료를 공부한 후 지금은 관련 단체에서 자원봉사를 하고 있다. J는 힘들었던 자신의 경험을 활용하여 비슷한 경험의 청소년들을 위로하고 지지하는 일을 하고 싶다고 했다. 과거의 고통이 오히려 타인의 어려움을 이해하고 위로할 수 있는 힘이 된 것이다.

> 진리가 알거니와 하나님을 사랑하는 자 곧 그의 뜻대로 부르심을 입은 자들에게는 모든 것이 협력하여 선을 이루느니라. 롬 8:28

고난을 통해서 오히려 우리는 모든 것이 협력하여 선을 이룬다는 말씀을 더 깊이 이해할 수 있게 된다. 우리는 하나님이 모든 사건을 지혜롭게 다스리시며 우리 각자에게 가장 복된 결과, 선을 이끌어 내신다는 것을 믿는다. 따라서 광야의 시련 속에서도 하나님과 함께하며 그분 안에서 소망을 찾을 수 있다.

성공을 위한 열심

요즘 청년들은 참 부지런하게 바쁘게 산다. "요즘 너무 바빠요", "저 지금 대외활동도 하고 있고 인턴도 하고 있어요", "영어점수도 필요해서 시험준비도 하고 있어요"라고 말하는 청년이 많다. 그러나 이보다 중요한 것은 목적과 방향성이다.

소명의 삶을 살기 위해 애쓰는 청년들은 과연 어떠한 방식으로 부지런히 살아야 할까? 성경에 나오는 '부지런하라'는 말은 단순히 부지런히 움직이라는 뜻이 아니다. 물론 도덕적인 열심만을 의미하는 것도 아니고, 우리의 본성을 무시하는 것도 아니다. 부지런해야 한다는 것은 내 자신을 깨우치고 변화해야만 한다는 것을 의미한다. 마틴 로이드 존스(D. Martyn Lloyd-Jones)의 로마서 강해[1]에 따르면 바울은 로마서 10장에서 우리가 무엇 때문에 열심히 살아야 하는지, 그 동기는 무엇이어야 하는지에 대해 말한다. 바울은 진리를 아는 지식에 이르기를 원하며, 하나님 안에서 쓰임 받는 것을 감사하게 여기는 마음이 열심을 갖게 하는 동기라고 말한다. 이처럼 우리는 하나님 안에서 방향과 목적을 세워야 하며, 이는 결국 우리의 소명으로 귀결된다.

우리가 사는 세상도 바울이 살았던 그때와 크게 다르지 않다. 열심히 무언가를 바쁘게 하는 것이 생산적, 효율적이라고 여긴다. 세상에서의 열심은 주로 무언가를 하는 것에 집중되어 있다. 이력서에 참여 활동 리스트를 길게 나열하는 것과 비슷하다. 심센터를

---

[1] 마틴 로이드 존스, 「로마서 강해 제10권 : 이신칭의 (10장)」, 서문 강 역, 기독교문서선교회, 2007

방문했던 청년들 중 대다수는 자신이 많은 활동을 해왔으며, 지금도 인턴 활동을 하느라 바쁘다고 말한다. 그리고 무언가를 많이 꽤 잘한다고 이야기한다. 그럴 때 나는 그들에게 그러한 활동들이 어떤 의미가 있는지 물어본다.

한 번은 여행 경험도 많고, 학교에서 조교도 했으며, 대외 활동도 꽤 많이 한 어떤 청년을 만났다. 그는 현재 인턴을 하고 있었는데, 주어진 일들을 잘 수행하는 능력 덕분에 어느 정도 인정을 받고 있다고 했다. 하지만 막상 어떻게 살아가야 할지는 모르겠다고 걱정했다. 4학년이 되었는데도 취업, 진로에 막연한 생각이 들어, 우선 괜찮은 대기업에 취직을 한 후에 미래에 대한 고민을 진지하게 해야겠다고 했다.

이러한 일련의 활동들이 우리 삶에 주는 의미는 무엇일까? 도대체 무엇을 위해 이렇게 시간을 보내고 관심을 가지는 것일까? 이러한 질문에 대한 괜찮은 대답 하나는, 본인이 했던 일들 그리고 지금하고 있는 활동들이 하나님 안에서 어떠한 의미를 지니는지를 연결성 있게 설명해 보는 것이다. 내가 시간을 투자하고 노력했던 일들과 경험이 하나님 안에서 설명될 수 있을 때 우리는 소명을 좀 더 깊이 이해하게 된다.

앞에서 우리는 하나님의 세계관에 대해서 살펴보았다. 하나님과의 관계를 회복하고, 그 가운데에서 각자의 부르심을 다시 생각해 보는 것은 이 세상을 살아가는 데 있어 가장 중요한 부분이다. 무엇을 위해 내가 열심을 내는지에 대한 중대한 관점을 제시하기 때문이다.

바울이 로마서를 쓰던 시대에도, 그리고 우리가 사는 현재에도 교회 안이든 교회 밖이든 '무엇인가를 해야 한다'는 사고가 지배적이다. 바울의 시대는 지식을 추구하고 세상의 열심을 따라가는 것이 인정받던 때였다. 바울이 로마서에서 하나님을 위한 열심이 무엇인지에 대해서 심도 있게 논증하고 있는 이유는 나를 위한 열심, 세상의 기준을 따르는 열심이 위험할 수 있다는 점을 상기시키기 위해서일 것이다. 바울의 논증이 우리에게 주는 시사점은 크다.

바울은 거짓된 열심의 특징을 이렇게 설명한다.

첫째, 누군가를 쫓아서 하는 열심이다. 어떤 다른 사람을 보고 나온 것이고 특정 사람의 모습과 행동을 쫓아가는 형태라면 그 열심이 무엇인지 의문을 가지고 확인해야 한다.

둘째, 어떤 일의 본질보다 일의 형태에 초점이 맞춰지거나, 하나님을 아는 진리보다 행동이 먼저 앞선다. 일의 본질보다 행위에 더 강조점을 두고 있는 자신을 발견한다면 이를 점검해 보아야 한다. 거짓된 열심은 언제나 행위에 강조점을 둔다.

셋째, 쉬지 않고 무언가를 하며, 이를 통해 스스로 만족감을 얻는다. 나의 삶에 충분한 쉼이 없고 일과 쉼 사이에 균형이 깨졌다면 우리의 열심이 거짓된 열심이 아닌지 생각해 보아야 한다. "내가 열심히 하는 것을 모르세요?"라고 질문하며 무언가를 끊임없이 계속하고 있는 자신의 모습을 본다면 한 번쯤은 멈춰 서서 나의 열심이 무엇을 위한 것인지를 점검해야 한다. 잘못된 열심은 균형의 결핍과 연관되어 있다. 오직 한 가지에만 집착하여 균형을 상실하게 된 것이다. 그런 열심은 맹목적인 열심이며 우리에게 평안을 주지 못한다.

잘못된 열심은 우리를 자아 중심성, 교만, 자기의로 이끌어 갈 수 있다. 그래서 열심히 하지 않는 사람을 정죄하기도 하고, 또한 열심히 하는 자신을 스스로 높이기도 한다. 그리고 열심히 한 것에 대한 보상을 받고 싶어 한다. 우리는 '내 수고를 알아 주세요. 거기에 걸맞게 축복해 주세요. 보상해 주세요'라는 생각을 한다. 열심히 해서 하나님이 나에게 이만큼 축복해 주었다고 남들 앞에서 자랑하고 싶어 한다.

이렇게 열심히 무언가를 하다가 그 과정에서 실패하면 우리는 모든 것이 무너지는 좌절과 무기력을 경험할 수 있다. 왜냐하면 그것은 온전히 나의 노력으로 성취된 결과이기 때문이다. 성공하든 실패하든 우리는 우리 자신에게만 관심을 가지게 될 것이다. 우리에게 축복은 단순히 경제적 인정과 같은 보상 차원이 아니다. 우리는 하나님과 우리 사이 어딘가 중간지대에서 우리의 행복을 추구하는 자가 아니라, 하나님과의 관계 안에서 성장하고 회복되어 가는 존재다.

그렇다면 참된 열심은 무엇일까? 참된 열심은 언제나 하나님 안에 거하는 가운데서 나오는 결과다. 은혜 안에서 자랐고 거룩함으로 자랐기 때문에 그 열심을 가지게 된 것이다. 하나님이 우리를 이끄신다는 것을 믿으면 우리는 순종하게 된다. 즉 마음이 복음에 감동을 받은 것이다. 참된 열심은 행동주의를 경계한다. 행동주의란 자기가 무엇을 하고 있는지 제대로 알지 못하고 그냥 행하는 것을 말한다. 참된 열심을 가진 사람은 무엇을 하고 있는지 알고, 왜 그 일을 하고 있는지도 안다. 참된 열심은 마음으로 복음에 감동하여 순종하며 행동으로 옮기는 것이지, 외면적인 것이 아니다. 나를 드러내고 나를 의지하는 것이 아니라 하나님을 묵상하면서 하나님과의 관계에서 확신하기를 원하는 것, 그리고 그 안에서 항상 두려움과 떨림으로 행하는 것이다.

참된 열심을 불러일으키는 동기는 무엇일까? 바울은 하나님의 사랑, 하나님을 아는 지식에 이르기를 원하는 마음에서 그 동기가 나온다고 했다. 즉 세상의 성공이나 남들의 인정이 아니라, 소명의 자리에서 최선을 다하는 마음과 동기가 참된 열심인 것이다.

세상의 성공을 위해서 얼마나 거짓된 열심으로 스스로를 설득하면서 살아가고 있는지 크리스천 청년이라면 한 번쯤은 진지하게 생각해 보았을 것이다. 좋은 직장에 취직하기 위해, 남들에게 인정받기 위해, 더 많은 월급을 받기 위해 세상과 적당히 타협하면서 살아갈 때도 있다. 그러다 보면 이런 질문이 생긴다. 우리는 왜 열심히 살아가는 것일까? 세상의 성공이 아니라 하나님이 기뻐하시는 성공은 무엇일까?

얼마 전 크리스천 직장인 모임에서 조정민 목사님은 성공을 이렇게 생각한다고 말씀하셨다.

"저는 예수님을 믿고 나서 세상적인 관점으로 볼 때 많은 것을 포기하게 되었습니다. 기사와 비서가 있다가 없어지고, 퍼스트 클래스 타다가 이코노미 타게 되었는데 사실 세상적으로 편한 게 뭐가 있겠습니까? 그러나 진리 안에서의 자유함, 서로 사랑할 때 나오는 놀라운 능력, 그런 것이 비교할 수 없는 가치이기 때문에 세상에서 잘되는 게 하나도 부럽지 않아요. 이게 진정으로 세상을 이기는 겁니다. 저는 그 믿음이 확실합니다. MBC에서 25년 동안 일하면서 언론인 중에는 비교할 수 없는 커리어를 쌓았습니다. 청와

대를 출입했고, 부장을 다섯 개나 했고, 사장으로 발령받았습니다. 그걸 하기 위해서 얼마나 죽을 고생을 했는지 아십니까? 하지만 그렇게 이루어 낸 세상의 성공이 하나님을 알고자 하는 마음, 그분의 사랑이라는 동기가 없을 때 어떻게 허물어지는지 저는 보았습니다. 그래서 여러분은 저와 같은 그런 실수를 하지 않기를 바랍니다. 우리가 왜 열심히 살아야 하는지를 다시 생각해 보십시오. 세상에서 주는 성공을 얻기 위함이 절대 아닙니다. 영성 없는 실력이나 실력 없는 영성이 아니라, 이 세상에서 접촉점을 찾기 위한 실력으로 하나님이 만드신 세상을 회복하기 위해서입니다. 그러기 위해서는 이 세상을 인도하기 위한 하나님의 사랑이 우리 안에 있어야 합니다. 하나님의 사랑과 그분을 아는 지식이 없으면 헛일하는 것입니다."

우리의 열심과 성취가 하나님의 사랑 안에서 이루어진다면, 그 가운데 하나님의 인도하심과 사랑을 체험한다면, 그것이 결국 세상을 이기는 성공이라는 것이다. 세상과의 접촉점을 통해서 하나님의 사랑을 전하고 사람이 회복될 수 있는 그 지경이 바로 우리의 소명의 자리가 아닐까 한다.

예수님은 누가복음 10장 17-20절에서 70인 전도대를 전도하러 보내시면서 귀신을 쫓아내는 일을 허락하셨다. 그들은 흥분하면서 돌아와서는 "주여, 귀신들도 우리에게 항복하더이다"라고 말했다. 예수님은 그들을 보시면서 "그러나 귀신들이 너희에게 항복하는 것으로 기뻐하지 말고 너희 이름이 하늘에 기록된 것으로 기뻐하라"고 말씀하셨다. 하나님이 바라시는 성공은 누군가를 이기고 승리하는 세상적인 성공이 아닌, 주님을 더 충만히 알고 이해하는 것이다.

우리의 열심이 하나님과의 관계 안에서 이루어질 때 하나님이 주시는 회복이 일어날 수 있다. 주님의 부르심에 답하기 위해 애쓰는 선한 수고는 지극히 단순하고 사소한 것일지라도 하나하나가 영원무궁한 가치를 갖는다.

이미 맺힌 열매: 하나님 안에서의 성장과 회복

소명으로 이 세상을 살아가는 것이 구체적으로 무엇인지 묵상하던 중, 목사님의 주일 설교 말씀이 귀에 들어왔다. 목사님은 "하나님, 나를 다스려 주십시오. 주님 닮기 원합니다"라는 고백은 예배시간에 한정된 것이 아니라, 하나님의 다스림을 받고 사는 매 순간 세상 속에서 확인하는 것이라고 말씀하셨다. 그래서 우리의 삶은 가장 적극적인 순종이 된다는 것이다.

우리는 교회에서 예배하는 시간과 세상에서 살아가는 시간을 구분하고 살아갈 때가 많다. 세상 일과 교회 일을 구분하기 때문이다. 소명을 하나님의 일을 하는 것, 착하고 선한 일을 하는 것이라고 생각하는 청년들이 꽤 많다. 아마도 소명을 직업이라는 개념과 연결해서 그럴 것이다.

교회와 관련된 일이나 예수님의 이름을 직접적으로 가르치는 일은 선하고, 그 외의 나머지 일들은 가치가 떨어진다고 생각하는 경우도 많다. 극단적으로는 세상에서 돈을 버는 일은 선하지 않은 것 같아 죄책감을 느낀다고 말하는 청년들도 있다.

하나님의 일이란, 우리가 일하는 곳에서 하나님과의 관계를 회복하고, 다른 사람을 회복시키며, 하나님을 닮아가는 성장이 이루어지는 일을 의미한다.

선한 일을 하고 싶어서 비영리 단체에 들어간 청년 B양은 회사 동료들이 서로 따돌리고 부정직한 일들이 만연한 분위기에 충격을 받았다고 했다. 다들 신앙도 있는데다 회사가 신앙적 가치와 미션을 제시하는 기관인데도 말이다. 그래서 직장을 옮겨야 하는지 고민이 되고 너무 힘들다고 했다.

B양처럼 거룩한 일을 하고 싶다는 청년들을 자주 만난다. 특히

교회생활을 열심히 한 청년들에게서 그런 요구가 많다. 그들과 거룩한 일이 무엇인지에 대해서 대화해 보면 착한 일, 교회 일, 또는 섬기는 일이라고 말한다. 그래서 선교지에 가고 싶다고도 하고, 세상에서 돈을 많이 버는 일은 하고 싶지 않다고도 한다.

청년들이 고민하는 것과 달리 어떤 일은 선하기만 하고, 또 어떤 일은 악하기만 한 것은 아니다. 일을 어떻게 바라보느냐의 관점이 중요한 것이다. 나의 일을 하나님이 주신 소명을 이루는 통로라고 생각한다면, 내가 일하는 곳에서 하나님과 동행하는 모든 과정이 선한 일이 된다. 그렇게 우리는 소명을 더욱 깊이 이해하게 되며, 삶을 관통하는 하나님의 메시지를 찾을 수 있게 된다. 우리가 일하는 곳에서 우리는 하나님의 회복 사역에 동참할 수 있다. 그 과정이 우리에게 하나님이 주신 일의 근원적인 동기가 아닐까 한다. 우리가 살아가는 삶에서 어떤 크리스천이 될 것인지, 우리가 하는 일이 어떻게 하나님의 일에 동참하는 것인지를 찾아내는 과정 말이다.

「일과 영성」에서 팀 켈러는 직장에서 크리스천 한 사람 한 사람이 정직성을 고수하고, 자신에게 불이익이 오더라도 기꺼이 감수하며, 부패와 싸우고 타자의 유익을 위해 서슴없이 나서서 일해야 한다고 강조한다. 선하지 않은 곳에도 선한 일을 만들어 가는 것, 소금처럼 그곳을 부패하지 않게 하는 것, 그것이 우리 일의 열매이며, 그 과정에서 우리의 성장과 회복이 일어난다는 것이다.

하나님은 우리에게 왜 일을 허락하셨을까? 반복해서 언급하지만, 일은 단순한 밥벌이가 아니라 소명의 통로다. 하나님은 우리가 일을 통해서 하나님의 사역에 동참하기를 원하신다. 그래서 일은 내가 원하는 성공이나 세상의 성공을 위한 수단이 아니라, 하나님의 회복 사역에 적극적으로 동참하는 도구다. 하나님은 직접 일을 하실 뿐 아니라 우리에게도 일을 주셨다. 정원사나 요리사나 모두 하나님이 창조하신 세계를 돌보는 업무를 담당하고 있다. 지위, 급여와 상관없이 일 자체는 우리에게 소중하며, 일을 통해서 우리는 하나님 일에 동참하게 된다. 무슨 일을 하든지 하나님이 허락하심을 믿고 거기에서 우리의 소명을 발견하는 것은 중요하다. 그래서 아무리 하찮은 일이라도 우리에게 소중하며, 참된 열심으로 최선을 다하면 변화가 일어나는 것이다.

종종 큰일을 하고 싶다는 청년들을 만난다(그 큰일이 무엇인지에 대해서는 자세하게 설명하지 못하지만). 세상의 빈곤을 해결하고 싶다는 청년도 만나고, 무언가를 해서 의미 있는 업적을 만들고 싶다는 청년도 만난다. 교회에서도 '청년들이여, 큰 꿈을 꾸고 요셉처럼 총리가 되라'고 가르친다.

어떤 청년은 현재 일하고 있는 꽤 괜찮은 기관에서 계속 일하고 싶어 한다. 노인을 지원하는 큰 비영리 기관이다. 그 친구는 인턴이지만 열심히 하는 덕분에 인정도 받고 있다. 그런데 정규직으로 취업이 될 수 있을지는 미지수라서, 취업 준비를 해서 다른 큰 기관에 지원을 해야 하는지 걱정이라고 한다. 나는 노인을 섬기는 활동을 사랑하고 그 영역에서 계속 일하고자 한다면 작은 기관들도 많으니 거기에 지원을 해보면 좋지 않겠냐고 조언했다. 하지만 그 친구는 솔직히 작은 기관에서 일하는 것은 별로 내키지 않는다고 말했다.

그 청년에게는 남들이 아는 어느 정도 괜찮은 직장에서 일을 시작하고 싶은 마음이 있었을 것이다. 하지만 만약 노인을 섬기는 일이 본인의 긍휼의 영역이라고 생각했다면, 기관의 명성이나 크기와 상관없이 노인 관련 일을 담당하고자 했을 것이다. 비단 그 청년의 문제만은 아니다. 직장을 선택할 때, 그리고 일을 할 때 우리는 이런 고민을 자주 하게 된다. 이러한 갈등과 고민을 조금이나마 해소하기 위해서는 나의 마음이 향하는 긍휼의 영역이 무엇인지에 대해 진지하게 생각해 봐야 한다.

아무리 작은 일이어도 우리에게 주어진 일에 감사한 마음을 가지는 것이 중요하다. 나 역시 대학에 다닐 때 남들이 인정해 주는 일, 좋아 보이는 일을 하고 싶어 했다. 대학원 시절, 연구소에서 일을 할 때 하찮아 보이는 업무는 대충대충 마무리하려고 했던 것 같다. 그때 신앙의 선배이자 학문의 길에 들어선 동료였던 선배가 하찮아 보이는 일을 하찮게 하지 말라고, 그 작은 일에도 하나님이 주시는 은혜가 있고 이를 하나님이 귀하게 사용하실 것이라고 내게 말해 주었다. 그 사건을 계기로 나는 작은 일조차 하나님이 나에게 허락하시지 않으면 할 수 없을 뿐 아니라, 그 작은 일을 성실히 수행하는 과정에서 하나님의 주시는 지혜를 통해 더 성장할 수 있다는 것을 알게 되었다. 우리의 과거, 현재, 미래의 모든 계획을 인도하시는 하나님을 믿는가? 그렇다면 하나님이 주시는 소명으로 지금 나에게 주어진 일에 의미를 발견하고 성실하게 수행하는 연습을 해보면 어떨까?

일이 돈을 버는 수단, 또는 나를 드러내는 지위로 인정되는 세상에 살면서 우리는 일의 의미를 깨닫지 못하고 탐욕의 수단으로 변질시키거나, 삶의 모든 것으로 인식하곤 한다. 일이 곧 자신을 규정하는 수단이 된 것이다. 그러다 보니 남들이 보기에 멋있어 보이는 직장을 갖기 위해 온갖 노력을 다하거나, 아니면 세상의 일을 선하지 않은 것으로 아예 구분해 버리고 수도원적인 삶을 살아가려고 애쓴다. 하지만 우리는 그럴 수 없다. 우리가 일하는 곳이 곧 사역지인 것이다. 우리가 출근하고 일하는 시간은 가장 중요하고 그 가운데서 복음이 일어난다. 그래서 세상의 일 속에서 성실하게 적극적으로 일을 대하는 태도가 필요하다. 바로 그곳에서 우리의 열매가 있을 것이다.

일을 하면서 일의 동기와 성과에 대해서 고민을 할 때가 있을 것이다. 나름 열심히 했는데 인정받지 못한다는 생각, 일한 만큼 보상을 받지 못한다는 생각도 한다. 함께 일하는 동료들이 열심히 하지 않는다는 생각, 나만 최선을 다하고 있는 것 같은 생각이 들 때도 있다. 또는 불의한 것들을 보면서 회의감을 느낄 때도 있을 것이다. 따라서 어떤 때는 대충 처리해 버리고 싶은 마음이 들거나, 상사의 눈치나 고객의 눈치만 보면서 일하고 싶은 유혹을 느낄 때도 많을 것이다.

심센터를 방문했던 하형록 회장은 이렇게 말했다.

"나는 일을 할 때 10개를 해야 한다면 11개를 했다. 예를 들어 상사가 물을 챙겨오라고 하면 냅킨까지 챙겨 갔다. 이것을 엑스트라 마일(extra mile)이라고 한다. 한 걸음 더 나아간다는 뜻이다. 성경에서 5리를 가자고 하면 10리를 동행하는 것과 같은 이치다. 이는 상사의 요구를 맞춰서 더 성과를 내기 위함이 아니다. 하나님의 마음을 이해하는 것이고, 이를 적용해서 다른 사람들의 필요를 생각하고 좀 더 적극적이고 능동적인 태도로 일을 대하는 것이라고 생각한다."

고객과 종업원, 상사와 직원과의 관계를 넘어서서 내가 섬기는 사람의 필요를 미리 생각하고 조금 더 준비하는 것은 쉬운 일이 아니다. 그러나 하나님은 우리가 엑스트라 마일의 마음을 가지고 일하기를 원하실 것이다. 몸과 마음을 다하여 주를 섬기고 사랑하는 것처럼, 하나님이 허락하신 모든 일에 이런 진정성과 마음을 가지고 임하기를 말이다. 엑스트라 마일을 지속적이고 반복적으로 하려면 일을 대하는 태도에서 하나님의 마음이 있어야 한다. 미국의 외과의사인 아툴 가완디(Atul Gawande)의 책 「어떻게 일할 것인가?」(웅진지식하우스)에서도 일을 잘한다는 것의 의미를 다음과 같이 설명한다.

일을 잘한다는 것은 구체적으로 무엇을 의미할까. 일을 완벽하게 처리하는 것? 일을 빠르게 처리하는 것? 투입 대비 산출을 극대화하는 것? 남들보다 높은 성과를 내는 것? 그보다는 일을 잘한다는 것은 곧 일을 성실하게 한다는 것을 의미한다.

이는 하나님이 우리에게 일을 주신 관점과 유사하다. 남들보다 조금 더 나아가서 일을 하는 것, 손해를 보더라도 올바른 일을 하며, 변화와 혁신을 기꺼이 받아들이는 진정한 의미의 성실함이다.

이것은 하나님의 관점으로 이웃을 위해 일을 하는 것까지 포함한다. 나의 긍휼의 영역을 바라볼 수 있는 시각의 확장을 말한다.

참된 열매: 긍휼의 자리에서 꿈꾸는 사람의 회복

누가복음 10장에는 우리가 잘 아는 선한 사마리아인 비유가 나온다. 그런데 그 비유의 앞부분을 살펴보면, 율법교사가 예수님을 시험하여 영생을 어떻게 얻는지 질문한다는 맥락이 존재한다. 거기에 대해 예수님은 너무나도 쉽고 간단하게 답변하신다. 율법에 있는 대로라고 말이다. 우리가 몰라서 안 하는 것이 아니라 아는 대로 살지 않을 뿐이라고 말이다. 그 답은 하나님을 사랑하고 이웃을 사랑하라는 것이다. 율법교사는 예수님께 누가 이웃이냐고 물어보았다. 그런데 오히려 예수님은 누가 이웃이냐를 넘어서서 누가 이웃이 되어 주었느냐를 질문하신다. 누가 우리의 이웃인지가 아니라, 우리가 누구에게 이웃이 되어 주어야 하는지를 생각해야 한다는 것이다.

제사장, 레위인, 사마리아인은 같은 길로 갔다. 하지만 다친 사람을 보고 그들이 보인 반응은 달랐다. 제사장과 레위인은 다른 길로 피해서 갔지만, 사마리아인은 그를 섬기는 이웃이 되었다. 긍휼히 여기는 마음은 사람이 가질 만한 마음이 아니라고 생각한다. 긍휼은 언약에 기초한 하나님의 성실하고 변함없는 사랑을 나타내며, 하나님의 자비롭고 은혜로우신 성품을 잘 드러내 주는 표현이다. 나와 관계없는 사람을 진짜 안타깝게 여기고 나의 시간과 재물을 내어 주는 것은 그리 쉽지 않다. 그럼에도 그런 마음이 생긴다면 이는 하나님을 닮은 증거이고 그분이 우리에게 부어 주시는 은혜 때문이다.

추정하건대 아마도 강도 만난 사람은 유대인이었을 가능성이 높다. 그래서 사마리아인에게는 무시하고 지나갈 만한 현실적이고 실제적인 이유가 많았을 것이다. 다만 불쌍히 여겼기 때문에 그 일을 감당했을 뿐이다. 이 때문에 우리는 강도 만난 자를 만나기를 기뻐해야 한다. 그를 일으키고 상처를 싸매는 것이 우리의 본질적인 소명이기 때문이다. 우리가 이웃이 되기 위해서는 강도 만난 자가 필요하다. 그냥 지나쳐 다른 길로 가지 말고 그를 환영하라.

"내가 소명의 자리에 있다는 걸 어떻게 알 수 있을까요?"

실제로 많은 청년이 소명의 자리는 도대체 어떻게 찾아야 하는지 질문한다. 소명은 우리가 찾기보다는 찾아지는 것이지만, 그것을 이해하기 좋은 관점은 긍휼에 있다. 우리는 강도 만난 자였다가 예수께 구함을 받은 사람들이다. 우리는 인생을 살아가며 다른 강도 만난 자들을 만나게 될 것이고, 그에 어떻게 반응할 것인가에 대해 생각해 보아야 한다.

우리가 어떤 일을 하든지 하나님의 마음을 품고 소명의 여정에 있다면 각자 섬기는 영역에서 성장과 회복이 일어날 것이다. 우리는 우리가 하는 일에서 예수님을 닮아가며 예수님의 제자가 되기를 바라고 그렇게 성장하고 있는 사람들이다. 그렇다면 우리가 하는 일은 예수님을 닮아야 할 것이다. 예수님이 이 땅에 오셔서 하신 일은 굶주린 자를 먹이고, 병들고 아픈 자를 치유하고, 가르치는 것이었다. 그 일들을 통해 영혼이 회복되고 치유되었다. 우리가 소명의 자리에서 최선을 다한다면 예수님이 하신 것처럼 우리의 일들이 누군가를 먹여야 하고, 누군가를 가르쳐야 하며, 누군가를 고쳐야 한다. 소명의 열매는 돈을 많이 벌고 유명해지는 것이 아니라, 한 사람의 회복과 성장으로 나타난다.

하나님이 우리를 부르신 뜻이 이루어지기를 기도하며 매일을 성실하게 살아가는 순간 속에서 우리의 회복과 성장이 일어난다. 우리를 이를 열매라고 말하기도 한다. 그것은 하나님과 나의 회복뿐 아니라, 우리를 통해 다른 사람들도 하나님께 돌아오는 회복을 의미한다. 이러한 열매는 단번에 이루어지거나 획득되는 성취와 성공이 아니다. 하나님을 닮아가며 그 가운데서 일어나는 우리의 모든 회복과 변화를 의미한다.

사업도 하나님을 닮아가야 하고 개인이 일을 대하는 태도도 하나님을 닮아가야 한다. 힘든 상황 가운데서 하나님과 걸어가는 것은 우리를 열매 맺게 하는 필수적인 과정이라고 앞에서 이야기했다. 그것은 힘들지 않다고, 괜찮다고 말하는 것이 아니라, 힘들고 아픈 것을 인정하고 그 가운데서 하나님에게 나아가는 것을 말한다. 하나님이 공급해 주시는 위로와 사랑, 지혜를 통해서 상황을 대면하고 냉철하게 바라보는 과정이 회복으로, 열매로 드러나는 것이다.

하나님을 묵상하면서 일하는 것은 그냥 성공을 바라면서 일하는 것과는 큰 차이가 있다. 하나님 없이 일하다가 망하면 '아, 나는 안 되는구나' 생각하고 자포자기한다. 그러다 만약 성공하면 '아, 내가 열심히 해서 성공했구나'라는 결론을 내린다. 우리의 삶은 단순히 열심, 성공, 인정, 그리고 그에 따른 보상으로 충족되지 않는다. 어떤 성취를 이룬다 해도, 그 성취가 하나님과 어떤 관계 속에서 만들어졌는지, 하나님의 임재를 발견했는지가 중요하다. '기도하니 좋은 학교에 갔다' 또는 '기도하니 돈을 많이 벌고 성공했다' 등의 말은 소명을 제대로 인식한 것이 아니다. 우리는 주어진 상황에서 하나님이 우리에게 주신 부르심을 이해하면서 살아가야 한다. 소명은 거창한 일을 하거나 성공의 길을 가는 것이 아니라, 하나님 안에 거하고 성숙해 가는 과정의 관점에서 이해될 수 있기 때문이다.

> 나는 너희의 하나님이 되려고 너희를 애굽 땅에서 인도하여 낸 여호와라 내가 거룩하니 너희도 거룩할지어다. 레 11:45

성경을 읽다 보면 우리의 마음을 어렵게 만드는 성경구절들이 종종 나오는데, 그중 한 구절이지 않을까 싶다. '거룩'이라는 단어는 죄로부터 분리된 상태, 구별된 상태, 즉 정결하고 흠 없는 상태를 말한다.

하나님은 이런 거룩의 삶을 살라고 권면이 아닌, 명령으로 말씀하고 계신다. 우리에게는 죄를 이길 수 있는 능력이 없는데 대체 하나님 수준의 거룩을 어떻게 지키라는 것인가?

사람들에게 가장 좋아하는 성경의 인물을 꼽아 보라고 하면 빠지지 않는 인물이 바로 다윗이다. 그가 보인 하나님에 대한 사랑과 열정은 우리에게 큰 도전을 준다. 그러나 다윗은 자신의 인생에서 하나님이 말씀하신 거룩의 삶을 이루어 냈을까? 그는 자신의 욕망에 못 이겨 밧세바를 범해 임신하게 했으며, 밧세바의 남편인 우리아를 전쟁의 최전방에서 전사하게 만들었다. 게다가 죽기 전에는 솔로몬에게 자신을 저주했던 시므이의 원수를 대신 갚을 것을 유언하기도 했다. 간음, 살인도 모자라 살인교사까지…. 이런 다윗에게 하나님은 어떻게 당신의 마음에 합한 자라는 최고의 평가를 내리셨을까?

그 비밀의 열쇠는 관계에 있다. 다윗은 기본적으로 하나님과 늘 깊은 사랑을 나눈 사람이다. 그리고 늘 하나님 앞에서 거룩하기 위해 애썼다. 여기서 거룩은 죄를 짓지 않고 흠 없이 완벽하게 살아내는 상태를 말하는 것이 아니라, 하나님보다 사랑할 수 있는 것들을 경계하고 하나님과 멀어지는 것에 대해 두려워하는 관계에 대한 거룩을 말하는 것이다. 하나님이 우리에게 말씀하신 거룩은 바로 관계에 관한 것이다. 죄의 습성을 가지고 있는 이상 우리가 아무리 성화의 삶을 살려고 애써도 죄의 먼지는 묻을 수밖에 없다. 그때 하나님과 연결되어 있다면 우리는 다시 한 번 회개를 통해 거룩의 상태를 회복할 기회를 얻게 된다. 소명으로 사는 삶은 완벽하게 살아내는 삶이 아니라 하나님을 놓치지 않는 삶이다.

하나님은 우리 각자를 부르셨다. 그리고 우리를 그 부르심대로 만나고 사랑하기를 원하신다. 우리는 그런 하나님과의 관계 속에서 성숙을 경험하고 거룩함에 이르는 열매를 얻게 된다. 우리는 광야의 삶, 고난, 달성되지 못한 결과들이 아픔으로 끝나지 않는다는 것을 이미 알고 있다. 하나님과 동행하면서 한 걸음씩 걸어가는 그 여정이 우리의 소명이 된다.

더 깊이 생각해 보기

Q 하나님은 광야를 왜 허락하셨을까요?

… 광야의 삶에서 우리는 하나님이 매일매일 주시는 농축된 은혜를 경험하게 된다. 성경은 고난이 주는 유익이 있다고 말한다. 고난을 통해 우리는 자신의 연약함을 발견하고 하나님께 순종하는 법을 배운다. 그 과정에서 하나님과 긴밀하게 교제하게 되고 소명을 더 깊이 이해하게 된다. 고난을 통해서 다른 사람의 어려움을 이해하게 되고 긍휼한 마음을 가지게 되며 타인을 이해하고 위로할 수 있게 된다.

Q 소명적 관점에서 일을 잘하는 것은 어떤 의미일까요?

… 소명의 관점에서 볼 때 일을 잘한다는 것은 참된 열심을 통해서 최선을 다하는 것이다. 즉 하나님이 나에게 허락하신 긍휼의 영역에서 나와 공동체의 성장, 회복이 이루어지게 하는 것이다.

Q 소명의 삶을 위한 지금의 수고가 하나님과 어떤 관련이 있나요?

… 우리는 세상의 성공을 위해 많은 불필요한 노력을 한다. 그러나 이러한 성공은 오히려 우리를 자유케 하지 못한다. 우리가 걸어가는 길이 어렵지 않은 것은 아니지만, 하나님은 우리의 성취보다 우리의 중심을 보신다. 그래서 때론 넘어져도 하나님은 그것을 실패로 보시지 않는다. 우리가 하나님과 동행하며 소명의 여정에서 노력한다면, 하나님은 그 모습을 기뻐하신다. 그것은 우리를 자유함, 사랑, 그리고 강도 만난 자의 이웃이 되도록 이끌어 준다.

Q 소명의 자리에 있다는 것을 어떻게 알 수 있나요?

… 소명은 행위나 역할이 아니다. 나의 열심이 하나님으로부터 온 참된 열심인지를 점검해 보자. 그리고 내가 긍휼의 영역에 있는지, 그 속에서 나와 내가 섬기는 공동체의 진정한 성장과 회복의 열매가 있는지 묵상해 보자. 그 과정 가운데 자신이 소명의 자리에 있는지 확인할 수 있을 것이다.

Q 당신이 기대하는 소명의 열매는 무엇인가요?

… 다음은 우리가 만났던 몇몇의 선배에게 각자의 삶에서 소명의 열매가 무엇인지 인터뷰한 내용이다. 이를 통해서 당신이 기대하는 소명의 열매를 생각해 보자.

"그분의 심장에서 나오는 초대, 평생 고대해 온 그분과의 여정에 오르려면, 지금까지 알고 있는 삶과는 작별 준비를 해야 한다고 생각합니다. 소명의 끝에는 분명 그분이 기다리고 계실 거라고 생각합니다."
"이웃 사랑의 열매!"
"소명을 따르며 만나게 되는 하나님이 주신 소명대로 사는 또 다른 사람들입니다."
"고아로 살아 왔던 나의 삶이 고아들을 위해서 귀하게 사용되면서 회복이 이루어지는 모습이 열매라고 생각합니다."
"가장 궁극적인 것은 하나님께 인정받는 것입니다. 또한 나와 뜻을 함께 하는 사람들이 많아질 때, 내가 가고자 하는 길에 동행하는 다음 세대가 있을 때 내 삶이 헛되지 않았음을 느끼게 됩니다."

에필로그

책을 쓰는 과정은 언제나 큰 도전이다. 아무리 잘 알고 있는 내용을 다루더라도, 이미 내면적으로 정리된 생각을 적어내더라도, 책으로 정리한다는 것은 여전히 어려운 일이었다. 특히 여러 명의 저자가 참여한 만큼 서로의 이해와 경험이 약간씩 다르기도 해, 내용을 하나로 모으는 것이 그리 쉽지는 않았다. 다루고자 했던 내용을 만족스럽게 다루었는가 자문해 본다면 명확하게 답변을 하기 어렵다. 우리가 경험한 하나님의 은혜와 감동을 우리의 말주변으로 풀어낸다는 것은 사실 어느 정도 한계를 가지는 것이 당연하리라 생각한다.

그럼에도 불구하고 우리는 이 책을 쓰면서 많은 은혜를 누릴 수 있었다. 각자의 삶에 세밀하게 말씀하시고 가장 완전하게 계획을 이끌어 가시는 주님을 나눌 수 있었기 때문이다. 그분은 동일하신 하나님이셨으며 동시에 한 사람의 삶의 여정에 깊이 개입하시는, 지금도 살아계신 하나님이셨다.

소명이라는 주제는 사실 우리 같은 평범한 평신도들이 아무렇게나 쉽게 떠들 만한 그런 가벼운 주제는 아니다. 그 자체가 창조와 구원의 놀라운 일들과 긴밀하게 붙어 있을 뿐만 아니라, 그 적용점 자체가 너무나 복잡하고 지금도 시시각각 변화하고 있는 우리네 인생의 하루와 닿아 있기 때문이다.

그러나 동시에 우리야말로 그 구원을 누리고 인생을 사는 평범한 그리스도인 중 한 명이기 때문에 용기를 가지고 이 책을 탈고하기에 이르렀다. 어차피 우리는 누구나 평범하다. 우리를 부르시는 그분이, 그리고 그분의 부르심이 특별할 뿐이다. 그래서 청년이 묻고 청년이 답하는데 우리의 부족함에 대한 부끄러움은 있었을지언정, 그분이 우리에게 알려 주신 것을 고백하는 데에는 확신과 감사만 있을 뿐이다. 그래서 어쩌면 이 책은 먼저는 우리를 위한 책이었다. 그리고 더 나아가 우리와 같은 또 다른 평범한 청년들에게 동일한 하나님께서 더 크고 건강한 고백들을 허락하시기를 소망한다.

우리는 누구나 하나님과 함께 살아간다. 그 과정에서 우리를 부르신 그분을 깊게 경험하게 된다. 여러 번 반복하여 강조하지만, 소명은 하나님과의 관계에서만 이해될 수 있다. 따라서 소명에는 부르신 분이 누구신지, 그분이 나를 왜 불렀는지가 담겨 있다. 우리가 매우 중요하다고 생각하는 진로나 직업은 소명과 같은 선상에서 비교할 수조차 없다.

소명이라는 주제를 다루는 책을 마치며 우리 스스로에게 그리고 청년들에게 남기고 싶은 한 가지 질문과 제안이 있다.

먼저 하나의 질문은 "우리는 정말 한 치의 실수도 없으신 하나님을 믿는가?"이다. 만약 그렇다면 우리에게 허락하신 그 모든 과정이 우리의 소명을 위한 장치일 것이다. 나의 실수와 실패조차도 하나님이 귀하게 사용하여 소명의 자리로 이끄신다는 것을 우리는 안다. 어떤 선택을 하느냐보다는 그 선택을 할 때 완전하신 하나님의 계획을 믿고 물어보는 순간의 태도가 소명을 살아가는 우리에게 훨씬 중요하다.

내 삶의 어떤 흔적은 부끄럽고 괴로워서 잊고 싶을 때가 있다. 그래도 괜찮다. 하나님은 우리가 대단하기 때문에 우리를 동역자로 부르시는 것이 아니기 때문이다. 또한 우리가 완벽하게 준비되어서 하나님 앞에 나오기를 원하시는 것도 아니다. 이미 우리를 잘 아시는 하나님은 우리를 있는 그대로 부르신다. 나의 계획과 생각을 내려놓고 하나님이 부르시는 자리로 나아가 보자. 그리고 하나님의 주신 마음으로 우리에게 허락하신 일을 정성스럽고 성실하게 시작해 보자. 바로 그 자리가 소명의 자리일 것이라 확신한다.

하나님은 성공을 원하지 않으신다. 부르심대로 소명의 자리에 머무는 자를 원하신다. 하나님은 어떤 일의 성취를 위해 우리를 기능적으로 필요로 하지 않으신다. 그럼에도 우리와의 동역을 지속적으로 요청하고 계신다. 그것이 그분이 사랑으로 우리와 함께하시는 관계적인 의미로서의 소명이다. 그러므로 우리는 성취에 대해 두려워하지 않아도 된다. 신실하시고 완전하신 주님은 우리에게 결과에 책임지라고 하신 적이 없다.

또 하나의 제안은 '용기'를 가지라는 것이다. 이 시대에 우리에게는 어느 때보다 용기가 필요하다. 여러 가지를 포기해야 하고, 놓아야 하고, 때로는 위험해 보이는 길을 선택해야 하고, 손해보아야 하고, 참아야 하고, 삼켜야 하고, 두려움에 맞서 싸워야 하는 우리 삶에는 다른 그 어떤 마음보다 용기가 더 필요한 것 같다. 그 용기는 스스로 다짐하는 마인드 컨트롤이 아니라, 하나님을 사랑하기 때문에, 신뢰하기 때문에 내는 용기다. 우리 앞에 놓인 두려움을 바라보지 말고, 소명의 자리를 이끄시는 하나님을 바라보며, 치열하게 이 삶을 살아가기로 결정하자. 그 뒤의 일은 하나님이 함께하실 것이다.

이 길을 걷는 동안 '내가 너무 지나친 것은 아닌가', '이렇게까지 할 필요가 있을까'라는 생각을 한 적이 있다. 그러나 어느 순간 용기를 내어 한 걸음을 내딛으면 열왕기상 19장에 18절에 나오는 이야기처럼 곳곳에서 하나님 앞에 남은 칠천 명과 같은 주의 청년들이 모습을 드러낸다. 그러니 용기를 가지자.

이 책은 소명에 대한 개론서라기보다는 진로와 소명을 찾아가는 청년의 때에 어떻게 하나님과 함께 동행하는가에 대한 고백서에 가깝다. 무엇을 이룬 것도 없고, 더 뛰어난 사람들도 아니지만 20-30대를 치열하게 하나님 앞에서 살아가려는 다짐이고, 그 경험의 소회다.

영원하지 않은 인간이 만든 어떤 것도 우리에게 변하지 않는 좌표를 제공하지 않는다. 우리의 유일한 소망이자 목적이며, 영원히 고정된 좌표이신 예수 그리스도를 향해 먼저 몇 발자국 걸어가기 시작한 청년들이 또 다른 청년들에게 같이 가자고 권면하고 있는 것이다. 그래서 간절히 바라기는, 부디 이 책이 자기계발서나 백과사전처럼 소명의 정답을 찾는 책이 아니라, 후배들에게 남기는 일기이자 편지로 잘 전달될 수 있기를 기대한다. 언젠가 그 소명의 여정에서 그 청년들과 만나 단 한 분이신, 그리고 지금도 2000년 전처럼 경험되는, 살아계신 우리 하나님을 찬양하며 나눌 수 있기를 기도하며 글을 마친다.

심센터를 돌아보며 가지는 고백

SEAM은 기독청년 사회적 기업가들이 서로 위로하기 위한 모임으로 시작되었다. 사회적 기업이 이 시대의 중요한 하나님의 도구일 수 있다고 생각하였고 나 역시 그 영역에 들어왔지만, 현실적으로 교회와 공동체 안에서 창업과 사회적 기업에 대한 공감을 얻기는 참 어려웠다. 때문에 우리가 서로 위로하는 일들이 시작되었다. 누군가는 그들의 이야기를 듣고 기도해 주고, 어딘가는 그들이 잠시 와서 쉬고 의지할 수 있어야 지속적으로 그 광야를 걸을 수 있다고 믿었다. 이런 고민을 하던 중 좋은 선배 한 분을 만나 SEAM Center라는 하나의 조직을 구성하게 되었고, 이로 인해 하나님은 여러 가지 은혜의 마음을 부어 주셨다.

먼저는 이루 말할 수 없는 기쁨을 주셨다. 이 기쁨은 앞에서 언급하였듯이 '꿈꾸고 바라던 기독청년 사회적 기업가들의 공동체가 이제 정말 이루어지는구나'라는 감격의 마음이었다. 홀로 고군분투하던 하나님의 사람들이 함께 교제하고 울며 기도할 터전이 생긴 것이다. 두 번째 마음은 기대함이었다. 센터를 준비하면서 하나님은 사무엘상에 나오는 라마나욧을 묵상하게 하셨는데, 세워질 센터에서 청년들을 키우게 될 것이라는 뜻으로 받아들여졌다. 하지만 한편으로는 사무엘처럼 이 일들을 잘 감당할 수 있을지 두려운 마음도 들었다. 그런 나에게 하나님은 사무엘과 함께하셨던 그 하나님이 지금 나와 함께하는 하나님임을 고백하게 하시고, 오히려 센터를 하나님의 계획이 성취되는 곳으로 사용하실 것이라는 기대감을 가지게 하셨다. 마지막으로는 경이로움이다. 처음에는 내 삶이 드디어 새로운 국면으로 접어들어 이런 일을 하게 되었다는 것만으로도 충분히 감격하고 있었다. 그러나 그 뒤에 나와 같이 많은 이들의 삶이 굽이쳐서 SEAM이라는 하나의 계획에 이르고 있다는 사실을 깨닫게 하셨다. 어떻게 다르게 살아온 각자의 삶의 자리가 하나로 모아지고 예비될 수 있는지, 하나님의 경이로움을 고백하지 않을 수가 없다. 그분은 도대체 언제부터 이런 아름다운 일들을 계획하셨을까?

　SEAM을 만든 뒤에도 그 고백은 동일하다. 우리가 무엇을 노력하고는 있지만 놀랍게도 우리의 수준과 상관없이 하나님의 일들이 성취된다. 우리는 우리의 충분치 않음을 안다. 그러나 그것과 상관없이 이 지경에서는 청년들이 변화하고 성장한다. 그래서 그 일이 하나님의 계획의 성취임을 분명히 고백한다. 센터에서 청년들의 훈련이나 교육프로그램을 진행하면서 종종 이단이나 사이비가 아닌지 확인을 받고는 했다. 처음에는 무척 당혹스러웠는데 그 이유를 곧 알게 되었다. 자신의 아들이 혹은 딸이 갑자기 성경을 읽거나 기도를 하거나 묵상을 나누거나 하는 변화가 있었다는 것이다. 그러니 아무래도 이단이 아니겠냐는 오해였다. 포도나무에 붙어 있는 가지는 자라고 잎사귀와 열매를 맺는 것이 당연한데도 말이다. 우리는 포도나무도 무엇도 아니다. 우리는 다른 가지다. 그래서 새순이 돋을 때 응원하고 나약하나마 작은 잎사귀로 그늘이라도 만들어 덜 마르게 하는 역할을 할 뿐이다. SEAM은 그렇게 많은 열매를 맺을 가지들을 자라게 하는 좋은 시냇가에 서 있다.

SEAM은 본래 사회적 기업가 정신과 사명(Social Entrepreneurship And Mission)의 요약이다. 사회적 기업가의 정신과 기독교인들의 사명이 상당한 중첩점을 가지고 있고, 그 사이에서 접합면(seam)이 되어 보면 어떨까 하는 취지로 이름 지었다. 그러나 지금은 또 다른 의미를 부여하고자 한다. 사명자 혹은 선교사로서의 사회적 기업가들(Social Entrepreneurs As a Missionary)이라는 의미로 말이다. 그 모습은 다르지만 여전히 수천 년 전의 성경이 기록하던 시대와 같이 치열하게 소명자로 살아가는 청년들의 공동체를 위해 기도해 주시기를 부탁드린다.

우리의 개인 고백

부르심과 사회적 기업 _도현명

2000년 어느 날 하나님을 만났다. 그전부터도 교회를 다녔지만, 그날 처음으로 그분이 나에게 나를 잘 아신다고 하셨다. 아직도 그 벅차오르는 감격을 기억한다. 그리고 질문하기 시작했다. '인생의 완전한 출제자이신 하나님은 이 기쁜 일을, 혹은 이 슬픈 일을 왜 허락하셨을까?' 그분은 분명히 나를 훈련시키고 계셨고 내 삶은 어떤 흐름을 가지고 흘러가고 있었다. 물론 선생님이 수업 중에 강조하는 어떤 내용을 보고 '이번 기말고사에 저런 문제가 나오겠구나'라고 예상하는 것과는 완전히 다른 수준이지만, 나는 하나님의 뜻을 질문하며 신앙의 색과 습관을 만들어 나가게 되었다.

그렇다고 해서 단번에 어떤 깨달음을 얻은 것은 아니다. 고등학교 때에는 언론 쪽으로 갈 줄 알았고, 대학에서 경영학을 배울 때는 당연히 경영자의 길을 생각했으며, 게임회사에서 대단한 성공을 꿈꾸다가 갑작스레 공부도 해보고, 비영리 일도 경험하고, 놀랍게도 이제는 사회적 기업의 영역에 도달했다. 이외에도 숱하게 바뀌었던 경험들을 더해 보면 차라리 혼란스러웠다는 평가가 맞지 않을까 싶다. 그러나 단언컨대 인간으로서의 미래가 두려웠을 수는 있으나 존재로서의 혼란은 나에게 없었다. 소명의 지경이 무엇인지는 잡히지 않았으나, 부르심의 계획이 있다는 것은 분명히 알고 있었기 때문이다. 어차피 소명은 주님이 보여 주셔야 우리가 찾는다. 그 또한 그분의 계획 안에 있다. 그분은 나를 구원하시기 위해서 십자가에 돌아가시고 부활하셨다. 그렇게 시작된 나의 부르심에는 오류가 있을 수는 없다는 믿음이, 혼란이나 희망 없음을 일축해 버렸다.

나는 사회적 기업이야말로 지금 세대의 기관이라고 생각한다. 그래서 청년들에게 그 일을 권하고 그 일을 더 잘할 수 있도록 돕는 것이 나의 소명이다. 예수님이 이 땅에 오셔서 하셨던 먹이고 가르치고 고치셨던 그 일들이 우리의 공동체와 기관을 통해서 다시 이 세상에 이루어지도록 하는 일, 그 일을 사회적 기업이라는 도구를 통해서 하게 하는 것이다. 마치 우리나라에서 수십 년 전에 선교사들과 그들을 통해 복음을 받아들인 이들이 병원과 학교를 지었던 것처럼, 전쟁 이후에 많은 복지시설이 그리스도인의 손에서 운영되었던 것처럼, 우리가 사는 이 시대도 사회적 기업이 고치고 먹이고 가르쳐야 하지 않을까.

다른 측면에서 나는 비즈니스를 선교지로 삼은 사람이다. 가장 치열한 선교지가 비즈니스라고 생각한다. 맘몬이 지배하는 그 세상에도 여전히 하나님의 통치가 필요하다. 존 러스킨이 이야기했듯이 강단에서 순교자가 나오듯 저잣거리에서도 순교자가 나와야 한다.

또 하나의 고백은 사회적 기업의 관점에 관한 것이다. 사회적 기업은 본래 개념적으로는 사회 문제를 해결하기 위하여 운영되는 기업이다. 그러나 그것과 상관없이 나는 폴 호켄(Paul Hawken)의 말을 인용하여 새로운 고백을 하고자 한다. "당신이 잘할 수 있는 사업은 당연히 당신을 닮았다." 그렇다. 우리가 최선을 다하면 그 일의 장점과 단점이 우리를 닮는다. 그런데 우리는 예수를 닮아가는 사람이 아닌가. 그렇다면 우리가 최선을 다해 하는 일 역시 예수를 닮아가게 된다. 만약 그렇지 않다면 우리가 예수를 닮고 있지 못하거나, 우리가 최선을 다해 일을 하고 있지 않는 것이다. 내가 말하는 사회적 기업이라 함은 앞서 언급하였듯이 예수님이 이 땅에서 고치고 먹이고 가르치셨던 그 일을 하는 기업을 말한다. 예수를 닮은, 예수의 손과 발이 되어 일하는 그 기업 말이다. 그래서 그런 일을 하는 기업가로 청년들을 양육하고자 하는 것이다.

때문에 일이 잘 되든 안 되든, 문제가 있든 없든 상관없이 이러한 가치와 믿음을 통해 부르심의 길을 더듬어 걸어가고 있다. 여전히 그 부르심은 내가 다 이해할 수 없을 만큼 크고 아름답지만, 그래도 매 발걸음은 확신에 찬 순종이며 돌아보면 감사뿐이었다. 그 감격을 나누고 또 함께할 더 많은 청년을 기대하며 기도한다.

직업은 달라도 부르심은 하나다 _박한울

어릴 적 누군가가 장래 희망을 물어보면 나는 주저 없이 이렇게 대답했다. "의학박사요!" 지금 생각해 보면 참 어색한 대답이다. 의사도 아니고 의학박사라니 뭔가 이상하지 않은가? 그렇다. 그것은 내 꿈이 아니라, 아들이 이루어 주지 못한 꿈을 손자가 이루었으면 하는 할머니의 바람이었다. 나는 의학박사가 무슨 뜻인지도 모른 채, 유치원부터 초등학교를 졸업하던 해까지 주변 사람들에게 나의 꿈은 의학박사라고 줄곧 이야기했다. 그러나 중학생이 되어 내가 말한 꿈이 정작 내가 하고 싶은 일과 아주 멀다는 것을 깨달은 후, 의학박사라는 단어는 한동안 내 생각에서 사라졌다.

얼마 전 그렇게 의사 손자를 보고 싶으셨던 할머니를 하나님 품으로 보내 드리면서, 잊고 있었던 의학박사라는 단어를 기억해 냈다. 그리고 지나온 나의 시간들을 돌아보면서 아주 흥미로운 점을 하나 발견하게 되었다. 의학박사는 결국 사람을 고치고 살리는 일을 하는 사람 아닌가? 나는 교회 사역을 하면서 수많은 청소년에게 복음을 전하는 일을 했고, 아로마 테라피를 하면서는 많은 사람의 피부와 건강에 도움을 주고 있다. 그리고 지금은 사회적 경제 안에서 청년들의 창업을 넘어 그들의 삶을 돕고 훈련하는 일을 감당하고 있다. 지금까지 했던 다양한 경험들이 서로 다른 일이라고만 생각했는데, 놀랍게도 어릴 적 의미도 모르고 고백했던 사람 살리는 일을 이미 삶으로 살아내고 있었던 것이다.

결국 인생의 모든 경험은 하나님의 부르심으로 연결되어 있다는 이야기다. 그래서 우리가 직업을 선택하거나 무언가 중요한 것을 결정할 때의 기준은 바로 소명이 되어야 하는 것이다. 그렇게 각자의 소명으로 인도함 받던 다섯 명의 동역자는 심센터에서 청년이라는 소명을 함께 감당할 공동체로 만나게 되었다. 개인의 부르심을 넘어 공동체의 부르심은 또 어떻게 이루어 나가실지 기대하며, 우리는 오늘도 또 한 걸음을 내딛는다.

소명으로 이끄시는 하나님의 훈련 _송화진

지금까지 삶에서 후회되는 결정들이 있는데 첫째는 대학을 졸업하고 국제기구 인턴으로 방콕에서 일할 수 있는 기회가 있었는데도 불구하고 전직장을 선택한 것이고, 둘째는 직장을 나오고 아일랜드 워킹홀리데이 비자까지 받고도 아일랜드로 떠나지 않았던 것이다.

첫 번째 결정 때는 그 당시 인턴으로 일하고 있던 회사에서 제안한 높은 연봉을 거절하지 못하였다. 생각보다 높은 연봉이 탐이 나기도 했고 또다시 취업의 과정을 겪으며 불안정한 신분을 감당하고 싶지 않았다. 또한 안정된 직장을 빨리 가지기 원하시는 부모님의 마음도 나의 결정에 한 몫을 하였다. 나의 결정에는 소명이라는 기준이 낄 틈이 존재하지 않았다. 두 번째 결정은 예상치도 못한 방식으로 진행되었다.

당시 나는 이웃과 공생하는 삶을 비즈니스로 실현하겠다는 막연한 생각으로 퇴사를 결심하였고, 구체적인 계획 없이 아일랜드에서 사회적 기업, 협동조합을 경험하고 싶어 워킹홀리데이를 신청하였다. 높은 경쟁률에도 불구하고 추첨에서 선발되었지만 생각지도 않았던 결혼으로 한국에 머무르게 되었다.

　최근 이 결정들에 대해 재평가하는 시간을 가질 수 있었다. 후회한다고 생각했던 결정들을 통해서 하나님은 나를 단 한 곳으로 이끄시고 계셨다. 바로 하나님과의 친밀함이다! 대학교 시절 나름 하나님을 인격적으로 만났지만 여전히 세상 문화에 빠져 있었고, 주변에는 세상적 가치관을 가진 사람들이 대부분이었다. 그리고 그 사람들과 성공, 물질, 인정 등 세상의 가치관으로 소통하며 알게 모르게 많은 영향을 받고 있었다.

　그런데 전 직장에 있던 크리스천 모임을 통해 매일 큐티하고 예배하는 훈련을 하게 되었고, 동기들과 함께 프로젝트를 진행하면서 힘든 순간에 함께 모여서 찬양하고 기도하고 중보하는 경험을 하게 되었다. 또한 세상의 일을 통해서도 하나님의 일을 할 수 있다는 것을 알게 되었다. 세상의 일과 예배는 별개라고 생각하던 내게는 일과 소명의 일치 가능성을 발견하는 기간이었다. 그리고 워킹홀리데이를 가지 못한 이후로는 개인적으로 어려운 시간을 보내며 심센터 활동을 통해 세상적 공동체보다는 믿음의 공동체와 더 많은 시간을 보내게 되었다.

　물론 세상적 공동체가 안 좋다는 것은 아니다. 하지만 나는 아직 세상적 가치관에 많은 영향을 받는 미숙한 사람이었기에 하나님은 그런 방식으로 나를 강권하시어 하나님과의 친밀함을 쌓게 하셨다. 나보다 나를 더 잘아시는 하나님께서 나를 너무 사랑하셔서 나에게 적합한 훈련을 주신 것이다.

매일매일 하나님은 그 어떤 것보다 먼저 일차적 소명을 살아가라고 하나님과의 교제로 나를 초대해 주신다. 그 초대에 나는 어떤 날은 모른 척하기도 하고, 또 어떤 날은 기꺼이 참석하는 등 여전히 좋지 않은 성적을 보이고 있다. 하지만 나는 하나님과의 친밀함을 훈련하고 있는 바로 이곳이 나의 소명의 자리임을 날마다 확신하고 있다.

풍성한 광야의 길 _윤남희

20대 끝자락에 유학을 가게 되었다. 유학을 원래 준비했던 것도 아니었다. 다만 공부를 하는 것이 익숙했고, 주변에서도 유학을 많이 가니 자연스럽게 정하게 되었던 것 같다. 내가 제일 잘하고 익숙한 것을 선택했던 시기였다.

우리는 모두 삶에서 힘든 시기를 지나게 된다. 내게 유학 시절이 그런 시기였다. 힘겹게 공부를 하던 중에 이런 생각이 떠올랐다. '왜 나는 공부를 하고 있는 것일까?' '내가 하고 싶은 것, 잘하는 것을 하고 있는데 왜 삶이 힘겨울까?' '주변 사람들에게 인정도 받고 있는데 왜 나의 삶에 채워짐이 없는 것일까?' 삶의 의미에 대한 질문이 들기 시작했다. '학위를 딴 후 교수가 되면 좀 괜찮지 않을까'라는 생각으로 마음을 다잡기도 했다. 주변에서는 부러워했지만, 나의 개인적인 삶은 외로워졌다. 공부하는 일이 즐겁고 감사하지 않으니, 나만 불행한 것 같은 느낌과 알 수 없는 공허함이 밀려 왔다.

교회에서 친구들과 함께 성경을 공부하고 모임을 했지만 나의 이런 고민을 꺼내기가 쉽지 않았다. 먼저 내 스스로가 하나님께 질문하고 나아가는 것이 필요했던 것 같다. '하나님, 제가 왜 여기까지 오게 되었을까요?'라는 질문을 하나님께 꺼내 놓으면서 내가 계획하고, 내가 준비하고, 내 능력으로 무언가 하려 했던 나를 바라보게 되었다. 그렇게 조심스럽게 질문을 하나님께 꺼내 놓고 있을 때, 그 당시 사회적 기업이라는 접근으로 방글라데시의 빈곤 해소를 위해 노력했던 무하마드 유누스(Muhammad Yunus)가 학교에서 강연을 하였다. 오래 전부터 빈곤과 노동 시장에서 소외받은 사람들에 관심이 많았던 나는 인턴으로 지원하여 그 나라에 가게 되었다. 하나님이 예비하신 그 계획 속으로 온전히 들어가게 된 것이다.

그때 나는 아무도 알지 못하는 낯선 곳에서 공급하시는 하나님을 깊이 만나게 되었다. 전에도 하나님을 알고는 있었지만 그곳에서 그분은 친히 나에게 다가오셨다. 매 순간 하나님의 손길을 경험했다.

집을 구할 수 없던 나에게 선교사님의 아이들과 함께 살 수 있는 따뜻한 가정을 마련해 주셨고, 말씀으로 가득 찬 시간을 보내게 하셨다. 내가 기대했던 만큼의 일을 하지는 못했지만, 하나님은 다른 놀라운 방법으로 그곳의 삶을 예비해 주셨다. 내 계획이 아니라 하나님의 인도만을 의지할 수 있게 하셨다. 내 중심으로 생각했던 나에게 가정과 공동체를 통해서 하나님과의 관계를 바라보게 하셨다. 시간을 아끼기 위해서 혼자 운동하는 것을 좋아했던 나에게 하나님의 시간으로 살아가는 방법을 알게 하셨다. 몸이 아프고 아무것도 할 수 없었던 시기에는 하나님을 더욱 묵상하게 하셨다. 지금까지 내 방식대로 내 계획대로 살아왔던 나에게 온전히 하나님께 의지하는 방식만을 허락하셨다. 철저히 나를 높이기도 하셨고, 철저히 연약하게도 하셨다.

아무것도 할 수 없고, 아니 할 생각조차 못하게 나를 묶어 두셨을 때, 나는 왜 나를 공부하게 하시고 방글라데시에도 보내셨는지 치열하게 물었다. 그때 하나님은 나를 부르셨다. 내가 오직 하나님만을 바라보기를 바라고, 나와 깊게 교제하시기를 원한다고 하셨다. 하나님 안에서 나를 새로운 이름으로 부르셨다. 세상을 바라보는 세계관의 전환이 일어났다. 현실은 여전히 답답한 생활을 살아가고 있었지만 마음속에서 소망이 빛을 발하기 시작했다. 머리와 지식으로 아는 하나님이 아니라 내 삶 전체를 이끌어 주시며 하나하나 세심하게 응답하시는 살아계시는 그분을 경험하게 되었다. 말로 설명할 수 없는 감격의 순간이었다. 나에게는 그 시간이 필요했다는 것을 지금은 고백할 수 있다.

우리 삶에서 어려움을 경험하는 순간에 우리의 소망이 드러나는 경험을 하게 된다. 내 능력으로, 나만의 문제해결 방식으로 어려움을 넘어가려고 애쓰다가, 그 과정에서 실패와 좌절을 경험하는 순간을 만난다. 바로 은혜를 경험하는 시기다. 전적으로 하나님께 모든 것을 내어드리기 때문이다. 우리는 그 과정에서 성장하고 깊어지기 시작한다. 하나님은 하나님의 방식대로, 하나님의 시간에 우리를 부르시고, 우리와 함께 걷기를 원하신다. 지금 이 순간에도 하나님은 부르심의 자리에서 숨 쉬고, 일하고, 살아가는 나를 섬세하게 이끄시고 만나 주신다. 삶을 살아가다 보면 어려움 가운데 하나님을 바라보게 되는 순간이 있다. 그때 비로소 나의 소명의 여정이 시작되며 더욱 깊어지게 된다. 주님을 바라보는 눈을 가지고 길을 걸어가다 보면 그 길을 누군가에게 보여 줄 수 있는 자리로까지 인도하실 것이라 믿는다.

무엇을 하든 중요하지 않다 _이진실

어렸을 때부터 하고 싶은 것이 많았고, 하고 싶은 게 많은 만큼 꿈(장래희망)도 많았다. 내게 중요한 건 '무엇'이 되는 것이었다. 피아노를 배울 때는 피아니스트가 되고 싶었고, 역사 공부가 한창 재미있을 때는 역사 선생님이 되고 싶었다. 내가 정말 잘하고 꿈꾸는 '무엇'을 찾기 위해 고민을 많이 했다. 그리고 고등학생 때 하나님을 인격적으로 만난 후부터는 내가 하고 싶은 '무엇'에 하나님이 원하시는 것을 일치시키기 위해 고민하게 되었다.

공정무역이 한국에 처음 들어왔을 시기에 교회에서 공정무역을 배우게 되면서 국제사회에 눈을 떴다. 당시 나는 공정무역, 국제 개발 등의 일을 하려면 대학에서 어떤 것을 공부해야 할지 고민을 많이 했는데, 인터넷 검색과 수집한 정보에서는 사회복지를 공부해서 NGO에서 일하는 로드맵을 추천해 주었다. 그래서 그토록 찾던 '무엇'이 NGO에서 일하는 것이라고 생각하며, 대학에서 사회복지를 공부하고, NGO 하나만을 바라보며 대학생활을 보냈다.

그러나 졸업 후 경험한 NGO의 현실은 너무나 열악했고, 취업 준비생으로 보낸 1년 가까이 되는 백수 생활은 나를 점점 더 궁지로 몰아갔다. 그 궁지 속에서 스스로에게 가장 많이 던졌던 질문은 '나는 왜 태어났을까?', '나는 왜 사는 것일까?', '나는 이 세상에 쓸모있는 존재일까?'였다. 이 질문이 당장 취업하는 데 도움이 되는 것은 아니었지만 이 질문의 답을 찾기 위해 꽤 오랜 시간 고민하고 하나님께 물었다.

그 과정에서 고등학교 3학년, 대학 원서를 넣기 전 애걸복걸하며 기도하던 때가 생각났다. 아프리카에 있는 아이들을 위해서라면 못할 게 없는데 정말 이 일을 해야 하는지, 사회복지를 공부하는 게 맞는지 등 불안감에 하나님께 토해내듯 쏟아 내었다. 그때 하나님이 내게 주신 마음은 '세상의 척박한 곳에서 하나님의 사람으로 성장시켜 주겠다'는 것이었다. 어렸고, 마음은 뜨거웠고, 고 3이라는 불안한 시기였던지라 '세상의 척박한 곳'이라는 단어가 내게는 곧 아프리카, 개발도상국의 빈민촌으로 다가왔고, 확신에 차서 사회복지학과로 대학 원서를 넣었다.

취업 준비생이 되어 수개월 동안 취업이 되지 않아 하나님께 원망

했지만 정작 하나님은 한 번도 내게 '사회복지학과에 가서 국제개발 일을 해'라고 하신 적이 없었다. '네가 기대하고 동경했던 삶을 살게 해줄게'라고 답해 주신 적이 없었다. 그 당시 주셨던 마음을 되돌아보면 하나님은 내가 무엇을 하기보다 하나님의 사람으로 성장하길 원하셨다. 하나님의 사람은 하나님과의 관계 속에 머물며, 하루하루 주어지는 은혜 속에 살아가는 사람이라고 생각한다. 결국 하나님의 자녀로 살아가는 삶을 바라셨던 것이다.

    그렇다고 방향성을 잡지 못하고 헤매던 시간이 쓸모없다고 생각하지 않는다. 굶주리고 상처입은 자들에 대한 마음을 하나님이 귀하게 여겨 주셨고, 때마다 필요한 경험들을 허락해 주셔서, 방황하는 시간까지도 하나님의 자녀로 성장할 수 있도록 인도해 주셨다. 하나님은 내가 대단한 일을 하기를 바라시지 않는다. 엄밀히 말하면 하나님은 내가 무엇을 하든 상관없으신 분인 것 같다. 심센터에서 부르심에 대해 더 깊이 이해해 가고, 부르심을 따라 살기 위해 치열하게 고민하는 선배들을 만나면서 이제는 무엇을 하는 것에 덜 집착하게 되었다. 내가 뭘 하든 하나님의 자녀로 하나님과의 관계 속에 머물러 함께 교제하며 그 속에서 받은 사랑을 주변에 흘려보내는 통로의 삶을 살아가기를 바라신다는 것을 확신한다.

소심청년, 소명을 만나다

1판 1쇄 2019년 1월 5일
1판 4쇄 2024년 7월 30일

지은이 도현명 외 심센터
발행인 조애신
편집   이소연
디자인 임은미
마케팅 전필영, 권희정
경영지원 전두표

발행처 도서출판 토기장이
주소   서울시 마포구 동교로 71-1 2F
출판등록 1998년 5월 29일 제1998-000070호
전화   02-3143-0400
팩스   0505-300-0646
이메일 tletter77@naver.com
인스타그램 togijangi_books_

ISBN   978-89-7782-409-6

- 이 책은 저작권 법에 따라 보호를 받는 저작물이므로 무단 전재와 무단 복제를 금합니다.
- 이 책의 전부 또는 일부를 이용하려면 반드시 저자와 도서출판 토기장이의 동의를 받아야 합니다.

도서출판 토기장이는 생명 있는 책만 만듭니다.
"우리는 진흙이요 주는 토기장이시니 우리는 다 주의 손으로 지으신 것이니이다" (이사야 64:8)